춘추전국시대의 영웅

석정 윤세주열사 기념사업회 기획
김상한 지음

Heroes in the Spring-Autumn and
Warring States Period of Ancient China

planned by Patriot Yun Seju Memorials;
written by Kim Sang Han

KNOWLEDGE COMMUNITY 공동체

석정 윤세주와 함께 읽는 〈사기 열전〉

윤세주(1900~1942년)는 독립운동가이다. 국내에서는 밀양3 · 13만세 운동, 의열단 창립과 밀양폭탄사건, 중외일보 경영 등을 주도하였고, 중국에서는 조선혁명간부학교, 민족혁명당, 조선의용대에서 핵심적 역할을 맡았다. 다양한 형태의 독립운동에 매진한 그의 열정과 용기는 어디서 비롯되었을까?

그는 1914년 서울 낙원동의 오성학교(3년제 중등 과정)에 진학한 이래 교사진 중 최창식(임시정부 국무원비서장 등 역임)의 영향을 많이 받았다. 선생은 '동서고금 역사 속의 위인들과 민족사 속의 충렬 인물들을 소개하고 설명하면서 이들을 모범 삼아 조국을 사랑하고 충성을 다할 것을 역설'하였다.

당시에 어렵지 않게 접할 수 있는 위인전기로서 사마천의 〈사기 열전〉이 있었는데, 이것은 윤세주에게 삶의 등대 같은 역사책이었다. 책의 주요 부분이 주나라의 제후국들이 전쟁을 일삼던 춘추전국시대이었고, 윤세주가 살았던 20세기 초반도 그러하였다. 강대국이 식민지 쟁탈을 위해 러일전쟁, 대한제국 멸망, 제1차 세계대전, 만주사변, 중일전쟁, 제2차 세계대전을 벌였다.

〈사기 열전〉은 여러 가지로 호기심을 끄는 책이다. 첫째, 주나라(기원전 1,046~256년)의 제후국들은 서로 충돌하는 과정에서 수많은 고사성

어를 남겼다. 오늘날 서양의 정치적 외교적 수사에서 고대 그리스(기원전 1,100?~146년)의 〈이솝 우화〉가 드물지 않게 등장하는 것처럼 동양에서는 비슷한 시기를 다룬 〈사기 열전〉의 고사성어가 더러 인용된다. 와신상담, 토사구팽, 오월동주, 합종연횡, 기화가거, 청출어람, 무용지용 등도 시대적 배경을 알면 더 잘 이해할 수 있다. 동양의 '고사'故事와 서양의 '우화'寓話는 상통하는 바가 많기도 하다.

둘째, 주나라를 기술하면서 중국 고대의 생활상을 보여준다. 우리 역사는 같은 시기의 고조선(~기원전 108년)을 단군 · 기자 · 위만에 대해 짧게 언급하는 수준에 그치지만 〈사기 열전〉은 제후 · 재상 · 학자 이외에 농민 · 상공업자 · 의사 · 연예인 · 협객 · 점술가 등 서민의 생생한 삶까지도 보여준다.

셋째, 주나라의 춘추전국시대(기원전 770~221년)에 다양한 계층의 사람들이 나라의 흥망성쇠를 앞두고 방황하는 모습은 나라 잃은 조선인뿐 아니라 오늘날 우리에게도 시사하는 바가 적지 않다. 제후국들이 패권을 다투는 양상은 우리 기업이 세계 최고를 향해 끊임없이 노력하는 모습을 연상하게 한다.

마지막으로 춘추전국시대의 영웅들은 윤세주가 삶의 전환점에서 멈칫할 때마다 나아갈 바를 가르쳐 주었다. 10대 승상 감라, 자객 섭정과 형가, 개혁가 상앙은 인생의 주요 단계마다 윤세주의 우상이 되었고, 그들 영웅은 다른 독립운동가의 발자취를 이해하는 데도 도움을 줄 수 있다.

『춘추전국시대의 영웅』은 지난 한 해 동안 석정石正 윤세주열사 기념사업회 소식지 〈애향애국〉에 연재된 것을 간추린 것이다. 김원중(2022년)의 『사기열전 1』과 『사기열전 2』, 조면희(2007년)의 『춘추시대 이야기』(상)(하)와 『전국시대 이야기』(상)(하)를 주로 참고하였다. 윤세주 또는 다른 독립운동가들이 관심 있게 읽었을 춘추전국시대의 고사故事를 중심으로 다시 엮었다.

이 책의 집필에 세 분의 도움이 컸다. 경북대학교 교수 윤재석 님, 작가 김연지 님, 기업가 강병욱 님께서 초고를 읽고 세심한 조언을 주셨다. 진심으로 고마움을 전한다. 그동안 기념사업회 기획의 도서 출판을 줄곧 맡아주신 도서출판 공동체 여러분께도 감사드린다. 우리나라의 독립과 자유를 지켜나갈 청년들이 이 책을 통하여 자신을 단련하고 고양할 수 있다면 최고의 보람일 것이다.

2024년 10월
돈지 서재에서
저자

차 례

■ 미리보기 1. 중국 고대의 주나라와 제후

주나라	은나라를 무너뜨리고 중국 대륙을 790년간(기원전 1,046~256년) 다스린 왕조이다.
영역	황하 상류의 호경(산시성陝西省)을 중심으로 중류 및 하류의 중원中原으로 세력을 넓혔고, 그 영역은 장강 유역까지 걸쳐 있었다.
봉건 군주제	왕은 천자天子로서 천하를 통치하였다. 왕족과 공신을 제후로 삼아 영토와 작위(공·후·백·자·남)를 주고 공납·군역의 의무를 지게 하였다.
제후국	진秦(산시성陝西省), 진晉(산서성山西省), 제·노(산둥성山東省), 연(허베이성河北省), 송·정·위衛·채(허난성河南省), 파·촉(쓰촨성泗川省), 초(후베이성湖北省), 오(장쑤성江蘇省), 월(저장성浙江省) 등 백여 개에 이르렀다.
서주西周 동주東周	주周 유왕이 견융의 침략으로 사망하자 제후들이 평왕을 받들고 기원전 770년 수도를 호경에서 동쪽의 낙양(허난성)으로 옮겼다. 이때를 기준으로 이전의 주나라를 서주, 이후를 동주라고 일컫는다.
춘추전국 시대	낙양 천도(기원전 770년)부터 진시황의 중국 통일(기원전 221년)까지 550년간이다. 왕실 권위가 추락하고 제후들이 패권을 다투었지만, 왕-제후-대부-사士-서민의 봉건적 질서는 어느 정도 유지되었다.
춘추오패 春秋五霸	보통 황하 유역의 제齊 환공, 진晉 문공, 장강 유역의 초楚 장왕, 오吳 합려, 월越 구천을 포함한다. 제후들의 회합이나 맹약을 회맹會盟이라 하고, 회맹의 맹주를 패자霸者라고 부른다.
전국칠웅 戰國七雄	중국 대륙의 동쪽 제나라, 서쪽의 진秦나라, 남쪽의 초나라, 북쪽의 연나라 그리고 중앙의 위魏·조趙·한韓나라를 포함한다.
전국사군자 戰國四君子	제齊 맹상군(전문), 조趙 평원군(조승), 위魏 신릉군(위무기), 초楚 춘신군(황헐)을 일컫는다
철 생산	철 생산은 춘추시대 말~전국시대 초에 시작되었다. 주조 기술로 만든 농기구류가 널리 보급된 것은 전국시대 후반이었다.

〈춘추시대: 초기 770~650년, 중기 649~530년, 말기 529~403년〉

기원전		춘추오패				
		제나라	진晉나라	초나라	오나라	월나라
초기	760년대	장공794~731	문후780~746	약오790~764	?	?
	750년대			분모757~741		
	740년대		소후745~740			
	730년대		효후739~724	무왕 740~690		
	720년대	희공730~698				
	710년대		애후717~709			
	700년대		소자후708~705			
	690년대	양공697~686	민 704~679			
	680년대	**환공685~643**	**무공 678~677**	**문왕689~675**		
	670년대		헌공676~651			
	660년대			**성왕671~626**	구비671~622	
	650년대					
중기	640년대		혜공650~637			
	630년대	효공642~633	**문공636~628**			
	620년대	소공632~613	양공627~621	목왕625~614		
	610년대	의공612~609	영공620~607		거제621~586	
	600년대	혜공608~599	성공606~600	**장왕613~591**		
	590년대	경공598~582	**경공599~581**			
	580년대			**공왕590~560**		
	570년대	영공581~554	**여공580~573**		**수몽585~561**	
	560년대		도공572~558			
	550년대		평공557~532	강왕559~545	제번560~548	
	540년대	장공553~548			여제547~544	
	530년대	**경공547~490**		영왕540~529	이말543~527	
말기	520년대		소공531~526	**평왕528~516**	**요왕526~515**	
	510년대		경공525~512	**소왕515~489**		
	500년대		정공511~475		**합려514~496**	
	490년대					
	480년대	도공489~485		혜왕488~432	**부차495~473**	**구천496~464**
	470년대	평공480~456				
	460년대		출공474~452		※ 기원전 473년 멸망	
	450년대					불수457~448
	440년대	선공455~405	애공451~434			옹447~411
	430년대					
	420년대		유공433~416	간왕431~408		
	410년대		열공415~389			
	400년대			성왕407~402		예410~375

〈전국시대: 초기 403~342년, 중기 341~281년, 말기 280~221년〉

<table>
<tr><th colspan="2" rowspan="2">기원전</th><th colspan="7">전국칠웅</th></tr>
<tr><th>한나라</th><th>위나라</th><th>초나라</th><th>조나라</th><th>연나라</th><th>제나라</th><th>진나라</th></tr>
<tr><td rowspan="7">초기</td><td>400년대</td><td>경후
408~400</td><td rowspan="2">문후
425~387</td><td>성왕
407~402</td><td>열후
408~400</td><td rowspan="4">간공
414~373</td><td rowspan="3">강공
404~379
태공
386~384</td><td>간공
414~400</td></tr>
<tr><td>390년대</td><td rowspan="2">열후
399~387</td><td rowspan="2">도왕
401~381</td><td>무후
399~387</td><td>혜공
399~387</td></tr>
<tr><td>380년대</td><td rowspan="2">무후
387~371</td><td>경후
386~375</td><td>출공
386~385</td></tr>
<tr><td>370년대</td><td>문후
애후</td><td>숙왕
380~370</td><td rowspan="3">성후
374~350</td><td rowspan="2">환공
374~357</td><td rowspan="2">헌공
385~362</td></tr>
<tr><td>360년대</td><td>의후
374~363</td><td rowspan="4">혜왕
370~334</td><td rowspan="3">선왕
369~340</td><td>환공
372~362</td></tr>
<tr><td>350년대</td><td rowspan="3">소후
362~333</td><td rowspan="3">문후
361~333</td><td rowspan="4">위왕
356~320</td><td rowspan="2">효공
361~338</td></tr>
<tr><td>340년대</td><td rowspan="2">숙후
349~326</td></tr>
<tr><td rowspan="6">중기</td><td>330년대</td><td>위왕
339~329</td><td rowspan="3">혜문왕
337~311</td></tr>
<tr><td>320년대</td><td rowspan="2">선혜왕
332~312</td><td rowspan="2">양왕
334~318</td><td rowspan="3">회왕
328~299</td><td rowspan="3">무령왕
325~299</td><td>역왕
332~321</td></tr>
<tr><td>310년대</td><td>쾌왕
자지</td><td rowspan="2">선왕
319~301</td></tr>
<tr><td>300년대</td><td rowspan="2">양왕
311~296</td><td rowspan="2">애왕
318~295</td><td rowspan="3">소왕
311~279</td><td>무왕
311~307</td></tr>
<tr><td>290년대</td><td rowspan="4">경양왕
298~263</td><td rowspan="3">혜문왕
298~266</td><td rowspan="2">민왕
300~284</td><td rowspan="5">소양왕
306~251</td></tr>
<tr><td>280년대</td><td rowspan="2">이왕
295~273</td><td rowspan="2">소왕
295~277</td></tr>
<tr><td rowspan="6">말기</td><td>270년대</td><td>혜왕
278~271</td><td rowspan="2">양왕
283~265</td></tr>
<tr><td>260년대</td><td rowspan="3">환혜왕
272~239</td><td rowspan="3">안희왕
277~243</td><td rowspan="2">효성왕
265~245</td><td>무성왕
270~258</td></tr>
<tr><td>250년대</td><td rowspan="2">고열왕
262~238</td><td>효왕
257~255</td><td rowspan="4">건왕
264~221</td></tr>
<tr><td>240년대</td><td>도양왕
244~236</td><td rowspan="3">희왕
254~222</td><td>장양왕
249~247</td></tr>
<tr><td>230년대</td><td>안왕
238~230</td><td>경민왕
243~228</td><td>유왕
237~228</td><td>유무왕
235~228</td><td rowspan="2">진시황
(진왕정)
246~210</td></tr>
<tr><td>220년대</td><td></td><td>가(假)왕
228~225</td><td>부추왕
227~223</td><td>가(嘉)왕
227~222</td></tr>
<tr><td colspan="2">멸망</td><td>230년</td><td>225년</td><td>223년</td><td>222년</td><td>222년</td><td>221년</td><td></td></tr>
</table>

■ 미리보기 2. 춘추전국시대의 전투 목록

춘추시대(기원전 770~403년)			
	#	전투명	연도(기원전)
초기	1	수갈전투	707
	2	곡옥대진	745~679
중기	3	한원전투	645
	4	홍수전투	638
	5	성복전투	632
	6	효산전투	627
	7	필전투	597
	8	안전투	589
	9	언릉전투	575
	10	오·초 강회쟁탈전	584~519
말기	11	백거전투	506
	12	취리전투	496
	13	회계산전투	494
	14	애릉전투	484
	15	홍상전투	482
	16	입택전투	478
	17	고소성포위전	475~473
	18	진양전투	455~453
	19	위魏의 하서공략	419~408
	20	늠구전투	405~404

전국시대(기원전 403~221년)			
	#	전투명	연도(기원전)
초기	1	음진전투	389
	2	극포전투	383~381
	3	탁택전투	369
	4	석문산전투	364
	5	회북전투	362
	6	계릉전투	354
	7	마릉전투	342
중기	8	상구전투	323
	9	1차함곡관전투	318
	10	관택전투	317
	11	단양남전전투	312
	12	의양전투	308
	13	수사전투	301
	14	2차함곡관전투	298~296
	15	이궐전투	293
	16	제서전투	284
	17	즉묵전투	284~279
말기	18	검중전투	280
	19	언영전투	279~278
	20	화양전투	273
	21	알여전투	270
	22	형성전투	264
	23	장평대전	262-260
	24	한단포위전	259-257
	25	호대전투	251
	26	하외전투	247
	27	3차함곡관전투	241
	28	비전투	233
	29	번오전투	232
	30	성보전투	225
	31	기전투	223

자료 : https://thewiki.kr

■ 미리보기 3. <사기 열전>의 목차

사마천의 『사기』는 중국 고대의 주周나라 이전부터 한漢무제까지 2,000년을 기록한 기전체 역사책이다. 이것은 군주 업적을 시대순으로 서술한 기紀와 인물 전기인 전傳으로 구성된다. 〈사기 열전〉은 70편의 인물 전기인데, 그중에서 춘추전국시대(기원전 770~221년)의 것은 대략 33편에 이른다.

#	사기 열전	#	사기 열전	#	사기 열전	#	사기 열전
1	백이	19	범저채택	36	장승상	54	동월
2	관안	20	악의	37	역생육가	55	조선
3	노자한비	21	염파인상여	38	부근괴성	56	서남이
4	사마양저	22	전단	39	유경숙손통	57	사마상여
5	손자오기	23	노중련추양	40	계포난포	58	회남형산
6	오자서	24	굴원가생	41	원앙조조	59	순리
7	중니제자	25	여불위	42	장석지풍당	60	급정
8	상군	26	자객	43	만석장숙	61	유림
9	소진	27	이사	44	전숙	62	혹리
10	장의	28	몽염	45	편작창공	63	대원
11	저리자감무	29	장이진여	46	오왕비	64	유협
12	양후	30	위표팽월	47	위기무안후	65	영행
13	백기왕전	31	경포	48	한장유	66	골계
14	맹자순경	32	회음후	49	이장군	67	일자
15	맹상군	33	한신노관	50	흉노	68	귀책
16	평원군우경	34	전담	51	위장군표기	69	화식
17	위공자	35	번역등관	52	평진후주보	70	태사공자서
18	춘신군			53	남월		

주) 번호에 색칠된 33편은 이 책에서 다루어진 인물에 대한 것이다.

■ 미리보기 4. 석정 윤세주의 약력

1900년 6월 24일 경상남도 밀양시 내이동 881번지 출생

1913년 4월 밀양공립보통학교(4년제 초등학교) 졸업

1914년 3월 밀양공립간이농업학교(6개월 과정) 졸업

1917년 3월 서울 낙원동의 오성학교(3년제 중등과정) 졸업

1918년 9월 1일 하소악(1901년생)과 결혼

1919년 3월 13일 밀양 3·13만세운동을 주도

1919년 11월 10일 중국 길림성에서 의열단(단장 김원봉) 창립에 참여

1920년 6월 16일 밀양폭탄사건으로 서울에서 체포

1921년 6월 21일~1927년 2월 7일 서울 마포의 경성형무소 투옥

1923년 4월~1924년 9월 투옥 중 일본 와세다대학 강의록 구독

1927년 12월 신간회 밀양지회(회장 황상규) 창립 참여

1929년 9월~1931년 9월 중외일보(사장 안희제) 경영 참여

1932년 5월경 중국으로 망명

1932년 10월~1933년 4월 중국 남경 조선혁명간부학교 제1기 졸업

1933년 9월~1935년 9월 조선혁명간부학교 교관(정치과)

1935년 7월 5일 민족혁명당(총서기 김원봉) 창립에 중요한 기여

1935년~1937년 민족혁명당의 관보, 기관지, 소식지 편집 관여

1937년 8~10월 중국 상해방송국에서 일본어/우리말로 심리전 방송

1938년 1~5월 중국 황포군관학교 제13기 정치교관. '최후의 결전' 작사.

1938년 10월 10일 중국 한구시에서 조선의용대(대장 김원봉) 창설

1941년 1월 조선의용대(제1지대와 제3지대)를 이끌고 화북전선으로 이동

1941년 7월 중국 팔로군의 항일근거지 태항산의 산서성 요현 상무촌에 도착

1942년 6월 3일 태항산(허베이성 섭현 장자령)에서 일본군에 피격되어 순국

1982년 8월 15일 대한민국 정부로부터 건국훈장 독립장 추서

제1장

춘추시대의 샛별

1. 최초의 패권국 제나라

   제齊 환공의 포용력 / 안영의 귤화위지 / 사마양저의 출정식

2. 진 · 초나라의 각축

   진晉 문공과 개자추 / 성복전투의 문공 / 초楚 장왕의 불비불명 / 필전투의 오삼 / 승자 없는 언릉전투 / 오자서의 망명

3. 오 · 월나라의 격돌

   오吳 합려와 손자 / 백거전투의 오자서 / 월越 구천의 와신상담 / 자공의 지략과 오나라 패망 / 삼진분립 / 영원한 승자는 없다

주나라(기원전 1,046~256년)는 중국의 광활한 대지 위에 자리 잡은 백수십 개의 제후국을 790년간 다스린 고대 왕조이다. 왕은 천자天子로서 제후에게 영토와 작위(공公 · 후侯 등, 미리보기 1)를 나누어주고 공납 · 군역의 의무를 지게 하였다.

건국 후 이백칠십여 년이 지나 기원전 771년 주周 유왕이 견융의 침략으로 사망하자 다음 해 제후들은 평왕을 받들고 수도를 낙양(허난성)으로 옮겼다. 낙양 천도(기원전 770년)부터 진시황의 중국 통일(기원전 221년)까지 550년간을 춘추전국시대라고 한다. 왕실의 권위가 추락하고 제후들이 패권을 다투었다.

춘추전국시대는 춘추春秋와 전국戰國의 양 시대로 구분하는데, 춘추시대는 기원전 770~403년의 367년간이다. 이 기간에 굵직한 전투만도 20건이어서(미리보기 2), 18년마다 전쟁이 일어난 셈이다. 제후국들이 어떻게 패권을 다투거나 사라지는지 살펴보자.

1. 최초의 패권국 제나라

춘추시대를 초기, 중기, 말기의 셋으로 등분할 때 초기는 기원전 770~650년에 해당한다. 이 시기에 주목할 만한 제후로는 초楚 문왕, 진晉 무공, 제齊 환공을 들 수 있다.

초나라는 중국 남방의 장강(6,300km) 유역에 있었던 제후국이다. 하위의 작위(공 · 후 · 백 · 자 · 남 중에서 자작)에 그쳤으나, 초楚 무왕부터 줄곧 왕호를 썼다. 그의 아들 문왕(재위: 기원전 689~675년)이 뒤를 이으면서 수도를 장강長江 하류의 단양(장쑤성)에서 중류의 영(후베이성)으로 옮긴 후 인근의 정나라와 식나라를 정벌하는 등 초나라를 남방의 강국으로 우뚝 세웠다.

진晉나라는 황하(5,464km) 중류부의 제후국으로 주周 무왕의 둘째 아들 당숙우가 산서성山西省 서남쪽을 분봉 받아 세웠다. 진晉 소후(문후의 아들) 이래 약 70년간 지속된 내분[곡옥대진曲沃代晉] 끝에 곡옥이 익을 누르고 무공(재위: 기원전 678~677년)이 즉위하면서 수도가 곡옥으로 바뀌었다.

기원전	춘추시대 초기(기원전 770~650년)의 주요 사건
770	주周 평왕이 낙양으로 수도를 옮김
689	초楚 문왕이 수도를 단양에서 영으로 옮김
745~679	곡옥대진(약 70년간 진晉나라의 내전)
678	진晉 무공이 수도를 익에서 곡옥으로 옮김
667	제齊 환공이 제후들의 우두머리[패자]로 인정 받음

제齊 환공의 포용력

춘추시대 초기 중원中原에 뜬 최초의 샛별은 제나라였다. 중원은 황하黃河 유역에서 태산 동쪽의 산둥성山東省, 서쪽의 산서성山西省, 황하 북쪽의 허베이성河北省, 남쪽의 허난성河南省, 그리고 산시성陝西省 일대를 가리킨다. 제나라는 주나라의 건국 공신인 강태공(여상)이 산둥지역을 분봉 받아 세운 나라로서 황하 하류의 임치를 중심으로 발달하였다.

〈사기 열전〉(미리보기 3)은 '관안'(#2)에서 제나라의 명재상 2명을 다루었는데, 춘추시대 초기의 관중과 말기의 안영이다. 제나라는 우리에게 '관중과 포숙의 우정'[관포지교管鮑之交]으로 잘 알려져 있다. 관중은 가난하였지만, 포숙은 친구를 업신여기지 않고 그의 현명함을 높이 샀다. 그런데 두 사람은 벼슬길에 오른 뒤 서로 경쟁하게 되었다. 그들의 우정이 제齊 환공의 왕위 쟁탈과 관련하여 어떤 굴곡을 겪는지 보자.

제齊 양공(환공의 형)이 죽자, 규와 소백의 두 형제가 왕권을 다투었고, 이때 관중은 규를, 포숙은 소백을 보좌하였다. 소백이 규를 제거하고 환공(재위: 기원전 685~643년)이 되자 맞수였던 관중은 옥에 갇히는 신세가 되었다.

> 포숙은 환공에게 느닷없이 관중을 재상으로 추천하였다. "관중의 재능은 신보다 몇 배 낫습니다. 제나라에는 신으로도 충분합니다만, 천하를 다스리려면 관중을 쓰셔야 합니다." 이에 환공은 관중을 기용하였고, 포숙은 늘 아랫자리에 머물렀다.

여기에서 '천하를 다스린다'는 것은 주나라 천자를 대신하여 제후들을 규합하는 패권을 가리킨다. 이때 포숙이 관중을 자기와 같거나 아래의 지위가 아니라 고위직에 천거하였으므로 친구를 좋아하는 것 이상으로 존경하였음을 알 수 있다.

제齊 환공은 관중을 재상으로 앉히기 전에 그의 식견과 포부를 들었다. 환공이 물었다. "과인은 사냥과 여색을 좋아하는데, 장차 제나라를 강대국으로 만드는 데 장애가 되지 않겠소?" 관중은 군주의 역린을 건드리지 않는 수준에서 대답하였다. "적당히 한다면 해가 되지 않습니다." 사람의 성격을 바꾸기란 어려우므로 지나침을 경계하라고 충고한 것이다.

다음으로 환공이 자기의 어떤 점이 국정에 해로울지 물으니, 관중은 직언하였다.

"훌륭한 자를 몰라주면 해害가 되고, 훌륭한 줄 알면서도 임무를 맡기지 않으면 해가 됩니다. 그리고 임무를 주고도 간교한 자를 붙여서 감시하게 하면 해가 됩니다."

이것은 앞으로 다가올 개혁에 전폭적 지지가 필요하다는 것을 암시한다. 과연 관중은 황하 하류부의 제나라(산둥성)가 바다(황해)에 면한 이점을 살려 교역으로 나라를 부유하게 하고, 군대를 튼튼하게 양성하였다. 나라를 재정비하여 화폐에 관한 일을 하는 아홉 관부인 경중구부를 두었다.

관중은 정치를 하면서 재앙을 복으로 만들고, 실패를 성공으로 이끌었다. 한번은 환공이 부인 소희 때문에 화가 나서 채나라(허난성)를 공략하였는데, 이때 관중은 남쪽으로 초나라를 함께 쳐서 주周 왕실에 공물을 제대로 바치지 않은 것을 나무랐다.

또한 환공이 북쪽으로 산융을 치려 하자, 관중은 이참에 연나라를 쳐서 조상의 어진 정치를 본받게 하였다. 연나라는 계(베이징北京)를 중심으로 허베이성河北省과 랴오닝성遼寧省 일대에 걸쳐 있던 나라이다.

그리고 환공은 빼앗은 땅을 되돌려주기로 약속하였다가 이것을 어기려 한 적도 있었다. 〈사기 열전〉 '자객'(#26)의 첫머리는 노나라(산둥성)의 조말이 제나라에 빼앗겼던 땅을 되찾은 용기와 담력을 칭송하고 있다.

조말은 노魯 장공을 섬겼다. 그는 장군이 되어 제나라와 싸웠지만 세 번이나 져서 달아났다. 장공은 겁을 먹고 수읍 땅을 제齊 환공에게 바쳐 화친을 맺고자 하였다.

노 장공과 제 환공이 단상에서 맹약을 맺고 있을 때, 조말이 손에 비수를 쥐고 환공을 위협하였다. 원하는 바를 환공이 물으니, 조말이 대답하였다. "제나라는 강하고, 노나라는 약합니다. 제나라가 노나라의 도성 인근까지 침범하는 것은 지나칩니다." 환공은 빼앗은 땅을 되돌려주기로 약속하였다. 그러자 조말은 비수를 던지고 단상에서 내려와 신하의 자리에 앉았다.

환공이 화를 내며 약속을 어기려 하니 관중이 나서서 말렸다. "약속을 어기시면 안 됩니다. 제후의 신뢰를 잃고 천하의 지지를 잃을 수 있습니다. 약속대로 땅을 돌려주는 편이 낫습니다."

만약 관중의 충고를 받아들이지 않았다면 환공은 강도라는 비난을 면하지 못했을 것이다. 공자孔子가 말하였듯이 사람이 용기만 좋아하고 의로움이 없다면, 군자는 세상을 어지럽히고 소인은 도적이 되기 때문이다. 신의를 지키는 제齊 환공에게 제후들은 줄줄이 귀의하였다. '주는 것이 곧 얻는 것임을 아는 게 정치의 보배'라는 말이 여기에서 생겨났다.

제齊 환공은 기원전 667년에 춘추시대 최초로 제후의 우두머리[패자霸者]가 되었으며, 제후들을 아홉 차례나 규합하고 정리하여 천하를 바로잡았다. 창과 칼이 아닌 인덕仁德과 정의의 힘에 의한 것이어서 주목할 만하다. 관중도 덩달아 높은 지위와 엄청난 사치를 누렸지만, 누구도 그것을 시비하지 않았다.

이쯤 되면 우리는 제나라의 군주와 신하를 칭찬하지 않을 수 없다. 원수를 끌어안는 환공의 포용력도 놀랍고, 허랑방탕한 군주를 보필하는 관중의 영특함도 인정하게 된다. 그렇다면 재상 관중의 그림자에 가린 포숙은 어떤가? 뒷날 관중은 친구 포숙에 대해 다음과 같이 회고하였다.

나는 젊었을 때 포숙과 함께 장사하였다. 내가 그보다 많은 몫을 차지했지만, 포숙은 나를 욕심쟁이라 말하지 않았다. 내가 가난한 것을 알았기 때문이다. 내가 포숙을 대신하여 어떤 일을 도모하다가 그를 더욱 어렵게 만든 적이 있다. 그는 나를 어리석다고 말하지 않았다. 일에는 유리

> 할 때와 불리할 때가 있음을 알았기 때문이다.
> 내가 일찍이 벼슬길에 세 번 올랐지만, 번번이 군주에게 내쫓겼다. 포숙은 나를 모자란 사람이라고 여기지 않았다. 내가 때를 만나지 못한 것을 알았기 때문이다. 내가 세 번 전쟁에 나갔다가 모두 달아났지만 포숙은 나를 겁쟁이라고 욕하지 않았다. 나에게 늙은 어머니가 계시기 때문임을 알았다.
> 평왕의 아들 규가 왕권 다툼에서 졌을 때 그를 도운 다른 사람은 모두 자결했지만, 나는 죽지 않고 붙잡혀 굴욕스러운 몸이 되었다. 포숙이 나를 뻔뻔한 사람이라 비난하지 않은 것은 내가 천하에 이름을 날리지 못한 것을 부끄러워함을 알았기 때문이다. 한마디로 나를 낳아준 이는 부모이지만 나를 진정으로 알아준 이는 포숙이었다.

그들의 우정은 단순히 신의를 지키는 차원을 넘어서서 상대방에 대한 깊은 이해에서 비롯되었다. 중국 속담에 '말[馬]을 감정할 때 여윈 것 때문에 실수하고, 사람을 감정할 때는 가난 때문에 잘못 본다' 하였다. 관중은 가난하고 위태로운 처지였지만, 포숙은 '흙 속에 묻힐' 뻔한 그의 성품과 재능을 잘 알았다. 관중을 '빛 보게' 한 포숙의 현명함을 어찌 간과하겠는가?

안영의 귤화위지

제나라의 두 번째 전성기는 춘추시대 중기를 건너뛰고 제齊 경공(재위: 기원전 547~490년)이 재상 안영과 사마 양저를 등용한 시기이다. 안영(~기원전 500년)이 어떤 인물이었는지부터 보자. 첫째로 그는 재상이 된 뒤에도 절약과 검소를 실천하였다.

> 밥상에 고기반찬을 두 가지 이상 놓지 않았으며, 첩에게 비단옷을 입히지 않았다.

재상이 군주를 보필하는 최고위직이므로 다른 관료는 집을 호화롭게 짓거나 의복을 화려하게 입는 등 거드름을 함부로 피우지 못하였을 것이다. 사치스러운 환공이나 관중과는 매우 대조된다.

둘째로 그는 겸손하였다. 안영이 수레를 타고 외출할 때 마부의 아내가 문틈으로 엿보았는데, 자기 남편의 태도가 실로 거만하였다. 남편이 귀가하자 그녀는 대뜸 헤어지자고 하였고, 그가 의아해하니 아내가 말하였다.

> "재상 안영이 외출하는 모습을 보니 키가 여섯 자도 채 못 되는데 품은 뜻은 깊고 태도는 겸손해 보였습니다. 그런데 당신은 키가 여덟 자나 되지만 겨우 마부 노릇을 하면서도 우쭐대었습니다."

그 후 마부는 공손해졌다. 그의 갑작스러운 태도 변화에 안영이 까닭을 묻자, 마부는 사실대로 말하였다. 이에 안영은 그를 추천하여 대부大夫로 삼았다. 대부는 제후 또는 경卿 바로 아래의 높은 신분이다. 여기에서 우리는 겸손이야말로 지도자의 필수적 덕목이었음을 알 수 있다.

위에서 안영의 '키가 여섯 자도 채 못 된다'고 하였다. 주나라의 한 자가 22.5 센티미터이므로 여섯 자는 135센티미터이다. 곧 안영은 기형적으로 키가 작았다. 그가 신체적 열등감을 극복하기 위해서라도 학문과 인격을 갈고닦는 데 얼마나 노력하였을지 짐작이 간다.

셋째로 안영은 나라에 도道가 있으면 명령을 따랐지만, 도가 없으면 복종하지 않았다. 한 예로 경공이 어느 날 밤 궁중에서 잔치를 벌이다가 문득 안영이 생각나서 그의 집을 들렀다. 안영은 연락받자마자 황급히 관복을 차려입고 대문 앞에서 대기하였다.

경공의 행차가 도착하자마자 안영이 왕의 수레로 달려가 아뢰었다. "주군께서 무슨 큰일이 있으신지요? 나라에 사고라도 났습니까?" 경공이 싱긋이 웃으며 말하였다. "오늘 잔치를 하다가 정무에 시달리는 그대를 생각하매 함께 즐기려고 왔소."

안영은 냉정하였다. "그렇다면 주군께서 내리지 마시고 돌아가십시오. 국가를 안정시키는 일이나 제후와의 외교 문제라면 신에게 물으셔야 할 일입니다만, 자리를 깔고 주안상을 장만하는 일은 주군의 좌우에서 할 일입니다. 신은 그러한 일에 관여하고 싶지 않습니다."

경공은 수레를 돌려 궁으로 되돌아갔다.

안영은 공무가 아닌 군주의 사적인 일에는 일절 간섭하지 않았으며, 충성만 염두에 두었고 군주의 서운한 기색에는 조금도 개의치 않았다.

마지막으로 안영의 참모습은 초나라 사신행에서 가장 잘 드러난다. 그의 명성은 중국 남방의 초나라까지 알려졌다. 당시는 초나라와 진晉나라가 한창 패권을 다투던 중이라 제나라는 그들의 위세에 눌려 좀처럼 기를 펴지 못할 때였다.

초楚 영왕(장왕의 손자)은 왕위에 오르면서 수도 영郢에 호화로운 별궁을 짓고 제후들을 불러 모았다. 영왕이 진陳 · 채 · 허나라를 침탈하는 등 맹위를 떨치던 중이었으므로 제나라는 마지못해 친선 특사를 보냈는데 재상 안영이었다.

초楚 영왕이 신하에게 일렀다. "안영은 훌륭한 재상이라고 알려져 있소. 과인은 그의 기세를 꺾어 초나라의 위엄을 높이고자 하니 각자는 계획을 세워보시오." 신하는 제각기 안영을 골릴 방법을 모색하였다.

안영은 장거리의 여행 끝에 수도의 궁성[영성郢城]에 이르렀고 그때 최소한의 수행원만 거느리고 낡은 관복에 여윈 말을 타고 있었다. 초나라의 위풍에 쪼그라든 제나라의 모습을 보는 듯하다. 그는 지위에 걸맞은 차림새를 갖추지 못하여 괄시받지 않을까?

성문, 저잣거리, 궁문 등 곳곳에서 문지기, 무사, 관원 그리고 공자(태자가 아닌 왕자)에 이르기까지 모두가 안영을 마구 헐뜯었으나 그는 주눅 들지 않고 조목조목 따져 그들의 콧대를 꺾어 놓았다. 마침내 안영은 초나라 재상의 안내를 받아 궁 안에서 초楚 영왕(재위: 기원전 540~529년)을 만났다.

> 영왕은 안영에게 대뜸 말을 건넸다. "제나라에는 사람이 없습니까? 하필이면 그대처럼 키 작은 사람을 특사로 보냈소?"
>
> 안영이 다소곳이 대답하였다. "우리나라에서 다른 나라에 특사를 보낼 때 규칙이 있습니다. 인품이 훌륭한 사람은 훌륭한 나라에 보내고, 그렇지 않은 사람은 또 그만 못한 나라로 보냅니다. 키 큰 사람은 큰 나라로 보내고, 작은 사람은 작은 나라로 보냅니다. 우리 주군께서 저를 초나라에 보내신 것은 그런 헤아림이 있었기 때문일 것입니다."

친선 특사를 난쟁이라 비웃다가 도리어 무안을 당하자 왕은 껄껄 웃어넘겼다. 그는 안영에게 술을 따라 권하였고, 몇 잔 돌았을 때 무사 서너 명이 죄수를 끌고 뜰 앞을 지나갔다.

> 그걸 보고 영왕이 물었다. "그자는 어디 사람이고 무슨 죄를 지었는가?" 무사가 대답하였다. "제나라 사람이고 도둑질하다가 들켰습니다." 영왕이 안영을 바라보며 농담 삼아 물었다. "혹시 당신 나라에는 도둑이 많습니까?"
>
> 안영은 머리를 조아리며 말하였다. "우리나라 사람이 귀국에서 도둑질하였으니 사과드립니다. 그런데 강남에서 잘 자라는 귤나무도 강북에 옮겨 심으면 탱자나무가 된다[귤화위지橘化爲枳]고 합니다. 저 사람도 제나라에 있을 때는 양민이었을 테지만 초나라에 와서 도둑이 되고 말았군요."

귤이 탱자 된다는 '귤화위지'는 사람이 환경에 따라 선하게도 악하게도 된다는 의미로 쓰인다. 남귤북지南橘北枳도 같은 말이다. 영왕은 멍하니 생각에 잠겼다가 허허 웃으며 말하였다. "과인이 귀공을 곤경에 빠뜨리려다가 되레 당하고 말았소." 초楚 영왕은 제나라를 만만하게 볼 수 없겠다고 느꼈을 것이다.

안영은 임무를 무사히 마치고 귀국하였다. 제齊 경공이 그의 작위를 올려주고 값비싼 가죽옷과 넓은 봉읍을 하사하였으나, 안영은 모두 물리치고 아무것도 받지 않았다. 초나라 사신행으로 재물이나 땅을 늘린 것도 아니므로 그런 것을 받을 아무런 이유가 없었기 때문일 것이다.

어느 날 경공이 안영의 집에 들렀다가 부인이 늙고 추한 것을 보고 권유하였다. "경의 부인이 너무 늙어 보이오. 과인에게 미혼의 딸이 있으니, 경이 데리고 사시오."

> 안영은 정중히 사양하였다. "여자가 젊을 때 남자를 만나 섬기는 것은 훗날 늙어서 자신을 의탁하기 위해서입니다. 신의 아내도 젊었을 때는 아름다웠습니다. 여태껏 남편을 잘 섬겨왔는데 이제 늙고 추해졌다고 하여 어찌 버릴 수 있겠습니까?"

경공은 속으로 생각하였다. '안영은 아내의 은혜도 배반하지 않는데 어찌 나를 배신하겠는가?' 왕은 그의 충성심을 의심하지 않고 나랏일을 전적으로 맡겼다.

사마천은 안영을 흠모하여 '그의 마부가 되어도 좋다'고 하였다. 세상의 영화를 뜬구름처럼 여기는 초연한 모습에 누군들 감동하지 않을 수 있으랴!

사마양저의 출정식

춘추시대 말기 제나라의 군사적 우위는 전양저에 힘입었다. 〈사기 열전〉은 '사마양저'(#4)에서 유가儒家의 풍모를 지닌 전양저를 간략하게 소개하였다.

전양저는 재상 안영의 추천에 따라 군사 업무의 책임자인 사마司馬에 임용되었다. 사마가 '말의 관리자'란 뜻이므로 기마와 전차가 당시의 주축 무기였음을 짐작할 수 있다. 양저는 제나라의 주요 호족인 전씨田氏이었지만, 서얼(첩의 자식) 출신이라 눈에 띄지 못하였다. 그의 사마 임용은 특출한 인품과 군사적 재능의 덕분일 것이다.

진晉나라와 연나라가 연합하여 제나라 국경을 침범하자 제齊 경공은 사마양저에게 대장의 병권과 수레 500승을 주어 비상사태를 수습하게 하였다. 대부大夫에 지나지 않았던 사마양저는 출정에 앞서 왕에게 진언하였다.

> "신은 미천한 신분이온데 저를 대부의 윗자리에 두셨습니다. 병졸은 복종하지 않고 백성은 믿지 않을 터이니 총애하는 신하를 감군(군대 감찰관)으로 삼아 주십시오."

경공은 장가를 감군에 임명하였다. 사마양저는 그에게 '내일 해가 중천에 뜨면 만나기'를 약속하였고, 이튿날 군영의 정문에서 기다렸다.

그런데 장가는 교만한 사람이었다. 장군이 군영에 있으니 자신은 서두를 필요가 없다고 생각하여, 친척과 측근의 전송 술자리 때문에 한참 늦었다. 저녁때가 되어서야 장가가 군영에 나타나자 사마양저는 그를 호되게 꾸짖었다.

"장수란 명령을 받은 그날부터 그 집을 잊고, 군영에 이르러 군령이 확정되면 그 친척들을 잊으며, 북을 치며 급히 나아가 공격할 때는 그 자신을 잊어버려야 합니다."

나라가 위급한 시기에 감군이 송별회 때문에 약속을 어겼으므로 사마양저는 군법에 따라 그의 목을 베었다. 전송 술자리로 시끌벅적했던 장가의 집은 그날 밤 비탄의 곡성으로 다시 소란스러웠을 것이다. 군법이란 이처럼 된서리 같아서 병사들은 두려워 벌벌 떨었다.

하지만 사마양저는 병사들을 잘 돌보았다. 막사, 우물, 아궁이를 살피고 병사의 몫과 같은 양식을 먹었으며 아픈 자에게 약을 챙겨주었다.

사마양저가 군영을 순시하자 병든 병사를 포함하여 전원이 앞다투어 싸움터로 나섰다. 장수가 허세 부리지 않고 병사들과 동고동락하니 그들은 죽을힘을 다해 싸우고자 하였다. 안영이 전양저를 추천한 이유도 바로 여기에 있지 않을까?

지혜롭고 용맹스러운 장군이 병사의 신뢰까지 흠뻑 받고 있으니, 무적의 군대가 될 수밖에 없을 듯하다. 이 소문을 듣고 진晉나라 군사는 일찌감치 물러가고, 연나라군도 한차례 접전에서 패하여 도망갔다. 사마양저는 적군을 모조리 물리치고 잃었던 땅을 되찾았다. 이에 제齊 경공은 전양저를 대사마(국방부 장관)로 임명하였다.

얼마 후 제나라의 대부 포씨, 고씨, 국씨가 전양저를 헐뜯었고, 속아 넘어간 경공이 그를 해임시키자 전양저는 병을 얻어 죽었다. 전씨들은 이 일로 고씨, 국씨를 원망하다가 나중에 전상田常이 간공을 제거할 때 그들의 일족도 모두 죽였고, 전상의 증손자 전화는 전제田齊의 초대 후작인 태공이 되었다. '전제'는 이전의 강성姜姓 여씨呂氏가 아닌

규성嬀姓 전씨田氏의 제나라라는 뜻이다.

요컨대 춘추시대 초기에 제나라는 관중이 방탕한 군주를 잘 보필하면서 혁신을 차분하게 추진한 결과 제후들의 자발적 복종을 이끌었다. 춘추시대 말기에 안영이 초楚 영왕의 오만을 꺾은 일화는 다시 읽어도 후련한 감명을 준다. 사마양저는 군율에서는 가을 서리[추상秋霜] 같지만 병사에게는 봄바람[춘풍春風] 같은 장수이어서 그에게서도 훈훈한 느낌을 받을 수 있다.

윤세주에게 관중의 포숙이나 사마양저의 안영 같은 든든한 후견인이 있었을까? 그가 국내외에서 독립운동을 펼칠 수 있었던 것은 황상규와 그의 처조카 김원봉의 도움이 컸다.

황상규는 의열단의 창단(1919년)에서부터 제1차 국내특공거사, 투옥과 출옥, 신간회 운동까지 윤세주와 한 몸으로 움직였던 후견인이다. 약산 김원봉은 이웃집의 윤세주와 어릴 적에는 죽마고우였고, 청장년기에는 의열단, 조선혁명간부학교, 민족혁명당, 조선의용대를 함께 키워나간 둘도 없는 동지였다. 약산은 1942년 석정 윤세주가 중국 태항산에서 순국하자 그의 추도식에 즈음하여 '석정 동지 약사'石正同志略史를 썼다.

2. 진·초나라의 각축

춘추시대 중기에 천하의 패권은 어느 나라에 있었을까? 제나라가 환공의 여섯 아들(효공, 소공, 의공, 혜공 등)이 권좌를 다투면서 침체에 빠진 가운데 서쪽 변방의 진秦 목공은 한원전투(기원전 645년)에서 진晉 혜공을 생포하였고, 남방의 초楚 성왕은 홍수전투(기원전 638년)에서 송나라를 깨뜨리는 등 나라 간의 싸움이 부쩍 늘었다. 이 시기의 최강자는 중원의 진晉나라(문공)에 이어 이와 쌍벽을 이루는 남방의 초나라(장왕)이었다.

기원전	춘추시대 중기(기원전 649~530년)의 주요 사건
645	한원전투에서 진秦 목공이 진晉을 정벌
638	홍수전투에서 초楚 성왕이 송나라(허난성)를 깨뜨림
632	성복전투에서 진晉 문공이 초나라를 격파하면서 패자로 등장
627	효산전투에서 진晉나라의 선진이 진秦나라군을 섬멸
597	필전투에서 초楚 장왕이 진晉나라를 격파
589	안전투에서 진晉나라가 노 · 위衛 · 조曹와 연합하여 제나라 정벌
584~519	오 · 초 강회쟁탈전에서 오나라가 초나라의 소, 서, 주래를 점령
575	언릉전투에서 진晉 여공이 초나라를 깨뜨림

진晉 문공과 개자추

진晉 헌공(무공의 아들)은 아홉 아들을 두었는데, 사람들은 그중에서 신생, 중이, 이오의 셋을 삼공자三公子라 불렀다. 신생은 정실부인의 소생이며 일찍이 태자로 책록되었다. 중이(문공)는 융족의 호희에서, 이오(혜공)는 융족의 다른 첩에서 낳은 아들이다.

게다가 헌공은 여융을 공략하여 그곳의 공주 여희를 또 부인으로 들였다. 그녀는 빼어난 미모와 교활한 수완으로 왕의 마음을 사로잡았고, 아들 해제를 낳아 그를 후계자로 삼으려 음모하였다. 태자 신생이 모함받아 자살하자, 중이와 이오는 나라 밖으로 피신하였다. 이때 중이는 43세였고, 그를 따라간 부하는 조쇠, 선진, 개자추, 호언 등 수십 명이었다.

헌공(재위: 기원전 676~651년)이 사망하자 재상 구식은 여희의 아들 해

제를 옹립하려 하였다. 그러자 태자의 스승[태부太傅]이었던 이극이 반란을 일으켜 여희 일파를 죽인 후 중이를 받들고자 하였다. 중이는 살해당할 것을 염려하여 거부하였으므로 동생 이오가 먼저 왕위를 이어받아 혜공으로 등극하였다.

권력이란 칼과 같아서 기회가 왔을 때 자루를 얼른 움켜쥐지 못하면 칼날에 베일 수 있지 않은가? 혜공은 뒤탈이 없도록 형을 제거하려 하였고, 중이는 또 기약 없는 유랑 길에 올라야 하였다.

> 중이 일행은 위衛나라를 들렀다. 국경의 오록에 이르렀을 때 식량이 떨어져 어느 농민에게 먹거리를 구걸하였다. 그는 그릇에 흙을 퍼주며 빈정대었다. "사지가 멀쩡한 남자가 왜 빌어먹으시오. 이 흙을 가져가 곡식을 심으시오."

아무리 귀하신 몸이라 해도 오랜 망명 끝에 빈털터리였으니 '흙 담긴 밥그릇'의 수모를 겪지 않을 수 없었다. 중이가 버럭 화를 내니 조쇠가 진정시켰다. "흙을 얻었다고 하는 것은 땅을 얻는 것입니다. 참으십시오." 조쇠는 나중에 문공의 공신이 되었으며, 후손으로는 조무(조씨 고아), 조간자 등이 있다.

그들 일행은 들판에서 나물을 뜯어 먹으며 연명하였다. 중이가 곡식 없는 나물국을 당최 먹지 못하고 기운을 잃어 쓰러지자, 개자추가 어디선가 고기 한 점을 가져왔다. 중이는 고깃국을 먹고 기운을 차려 다시 길을 떠났다.

중이는 수레에 앉아 개자추에게 물었다. "이곳에는 인가라고는 없는데, 어떻게 고기를 얻었는가?"

> 개자추는 고통스러운 표정을 감추며 말하였다. "신이 듣기로 효자는

부모를 위해 자기 목숨을 바치고 충신은 임금을 위하여 자기 몸을 돌보지 않는다고 합니다. 신도 공자를 위해 저의 넓적다리 살을 베어 국을 끓였습니다." 중이는 피가 흐르는 개자추의 넓적다리를 보며 눈물 흘렸다.

여기에서 '개자추가 허벅지 살을 베다'[개자추할고介子推割股]는 고사성어가 생겨났다. 우리나라의 『삼국유사』에도 지극한 충효를 칭송할 때 '허벅지 살을 베어' 부모를 공양한다는 표현이 간혹 등장한다.

중이 일행은 길을 재촉하여 당시의 패권국이었던 제나라에 이르렀다. 재상 관중(~기원전 645년)이 죽어 인재에 대한 요구가 드높던 때였다. 제齊 환공은 중이를 환대하여 마차 20승을 주고, 그에게 딸까지 내어주어 사위로 삼았다.

그러나 머잖아 환공마저 죽어 후계 문제를 두고 내란이 일자, 조쇠 · 호언 등이 서둘러 제나라를 떠나자고 일행을 종용하였다. 중이는 아내의 조국을 떠날 수 없다며 떼를 썼고, 아내는 그를 술에 취하게 한 후 수레에 실어 떠나보냈다.

중이의 무리는 조曹 · 송 · 정나라 등을 거쳤으나, 그런 약소국은 아무래도 자기를 도울 여력이 없을 것 같아 마지막으로 남방의 강대국인 초나라로 향하였다. 초楚 성왕(재위: 기원전 671~626년)은 중이 일행을 융숭하게 대우하였다.

성왕이 중이를 희롱하여 물었다. "당신이 군주가 된다면 어떻게 답례하겠소?" 중이는 의연하게 대답하였다. "만약 왕과 싸우는 일이 일어나면, 군을 3사(90리) 물리겠습니다."

오랜 망명에도 주눅 들지 않는 중이의 기개가 예사롭지 않다. '3사'는 사흘간의 행군 거리에 상당하는 90리이다. 망명자인 주제에 건방

지다면서 성왕 부하가 중이를 죽이려 덤볐으나, 왕은 '하늘의 일을 어찌 제지하겠는가'라며 진정시켰다.

다른 한편 본국에서는 어떤 일이 일어났을까? 중이를 제거하려 했던 혜공이 죽자, 진秦나라에 볼모로 잡혀 있던 태자 어圉가 도망하여 와서 회공이 되었다. 진나라는 서융(서쪽 오랑캐)과 항쟁하면서 영토를 확장하였는데, 우나라 출신의 백리해를 등용하여 강국으로 성장한 제후국이다.

진秦 목공은 인질이 달아나자 발끈하였고, 즉시 회공을 제거하고 초나라에 머물고 있던 중이를 불러들였다. 중이는 진秦나라 군대의 비호를 받으며 자기 나라로 돌아와 진晉 문공(재위: 기원전 636~628년)이 되었다. 그의 나이가 예순둘이었다. 19년이나 집권의 때를 기다렸으니 그의 인내심이 실로 놀랍다. 제齊 환공이나 그의 여러 아들이 왕권쟁탈에 서둘러 뛰어든 것과는 매우 대조적이다.

문공은 그동안 자기를 도운 충신들에게 상을 내렸는데, 얼마 후 공신 명단에서 개자추가 누락되었음을 알았다.

> 개자추는 이것을 조금도 탓하지 않았다. "문공이 군주의 자리에 오른 것은 하늘의 뜻이 아닌가?" 하늘의 공로를 탐하여[탐천지공貪天之功] 그것이 자신의 공인 양 떠드는 사람들을 혐오할 뿐이었다. 문공이 개자추를 불렀지만, 그는 늙은 어머니와 함께 이미 면산에 들어가 사라진 뒤였다.

'탐천지공'은 하늘의 순리로 이루어진 일을 자기의 공로로 도용한다는 의미이다. 우리도 어떤 일을 도모하여 성공하면 자신의 치적으로 떠들다가도 반대로 실패하면 남에게 책임을 떠넘기지 않는지 반성해 볼 일이다.

개자추가 산에서 내려오도록 불을 놓았지만, 그는 어머니와 함께 산 속에서 불타 죽었다. 문공은 자신의 행위를 후회하면서 큰 소리로 울었다. 이후 사람들은 매년 그의 기일에 따뜻한 음식을 먹지 않고 찬 음식[한식寒食]만 먹었다.

그 이후 한식(동지冬至로부터 105일째, 4월 5일 또는 6일)에는 개자추의 넋을 위로하여 모든 집에서 불을 때지 않고 미숫가루와 찬물을 마셨다. 우리나라에서도 이날을 지켜 왔는데, 설날 · 단오 · 추석과 더불어 4대 명절이었다.

개자추는 '충성하되 굳이 보상을 바라지 않았다'는 점에서 신라 제10대 내해왕 때의 장수 '물계자'를 닮았다. 물계자는 자기의 전투 공로를 누구도 알아주지 않자, '그동안 목숨 바치지 못한 불충不忠으로 부모님께 불효하였으므로 무슨 면목으로 조정이나 저잣거리에 나설 수 있겠는가' 하며, 거문고를 메고 사체산으로 들어가 노래를 지으면서 살았다.

성복전투의 문공

진晉 문공이 논공행상을 하던 중 기원전 635년 주나라에서 반란이 일어났다. 그는 반란군을 진압하고 왕실의 내분을 평정하였으며, 이때 태항산 남쪽으로 통하는 남양 지방을 얻었다.

진晉나라의 영향력이 갈수록 커지자, 송나라(허난성)는 초나라에 등 돌리고 진나라를 섬겼다. 초楚 성왕이 이에 격분하여 기원전 632년 송나라를 공격한 것이 성복전투의 단초이다.

진晉나라는 군대를 일으켜 초나라 대신에 위衛나라를 쳤다. 문공은 유랑할 때 받은 융숭한 대접 때문에 차마 초나라에 싸움을 걸지 못하였다.

초나라의 인척인 위나라를 공략함으로써 우회적으로 송나라를 도왔다.

진晉 문공은 위衛나라의 오록을 먼저 쳤는데, 이곳은 그가 굶어 죽기 직전 '흙 담긴 밥그릇'과 '개자추할고'의 현장이었다. 초楚 성왕은 성득신에게 송나라를 계속 공격하게 하고, 자신은 위나라를 구하러 나섰다. 그런데 위나라는 벌써 점령당하였고, 인근의 조나라도 함락되었다는 게 아닌가! 성왕은 본국으로 돌아가면서 성득신에게도 퇴각시켰다.

그런데도 성득신은 물러나지 않고 진나라군과 결전을 벌였다. 진晉 문공은 이전의 약속대로 군대를 90리 후퇴하였고, 그런 다음 성복(허난성)에서 초나라군을 크게 깨뜨렸다. 이것은 나라 간 신의를 지킨 후에 이룬 승리여서 더욱 빛난다.

성복전투(기원전 632년)는 진晉나라가 초나라 중심의 정 · 진陳 · 채 · 허 연합군을 격퇴하여 그들의 북진을 한풀 꺾은 전쟁이었다. 이들 네 나라는 초나라를 등지고 진나라에 붙었고, 진晉 문공은 제후들을 모아 천토회맹을 주최하여 천하를 호령하였다.

초楚 장왕의 불비불명

춘추시대 중기가 무르익으면서 천하의 패권은 황하에서 장강 유역으로 넘어가게 된다. 중국 남방에 새로 떠오른 샛별은 초楚 장왕(성왕의 손자)이다.

장왕(재위: 기원전 613~591년)은 젊어서 왕위에 올랐는데, 공자 섭과 자의의 내란을 평정한 후 한동안 정치를 돌보지 않았다. 날마다 사냥과 술잔치를 벌이면서 허송하였다. 장왕은 '누구든지 나에게 간쟁하는 자는 죽인다'고 엄포까지 놓았다. 장왕 3년이 되자 대부 오거가 꿇어 엎드려 왕에게 충언하였다.

"하도 이상한 소문이 돌기에 그것을 아뢰고자 합니다. 언덕 위에 새가 있는데, 삼 년 동안 날지도 울지도 않는다고 합니다[불비불명不飛不鳴]. 대왕께서는 그 새에 대해 아시는 게 있습니까?"

장왕이 대답하였다. "과인은 그 새를 잘 알고 있소. 삼 년을 날지 않았으니 한 번 날아오르면 하늘을 찌를 것이고, 삼 년을 울지 않았으니 한 번 울면 사람들을 놀라게 할 것이오. 대부께서는 그때까지 기다려 보시오."

오거는 왕의 지혜를 믿고 기다렸다. 삼 년 동안 '날지도 울지도 않는' 불비불명은 주색에 푹 빠진 척하면서 충신과 간신의 옥석을 가리려는 장왕의 의도였다. 누가 평소에 무슨 말을 하고 다니는지, 누가 지조 있는지, 참소하는지, 간쟁하는지 왕은 눈여겨보았을 것이다.

그러나 장왕의 방탕은 좀처럼 그칠 줄 몰랐다. 과연 누가 군주의 마음을 바로잡아 줄 것인가? 간언해도 듣지 않는 경우 신하는 스스로 떠나든지 군주를 바꾸고자 하지 않을까?

이번에는 대부 소종이 나섰다. 장왕이 '간쟁하는 자는 죽인다'는 자신의 엄명을 일깨우며 그의 어리석음을 탓하니, 소종은 죽음을 무릅쓰고 대왕을 깨우치고자 하였다.

"대왕은 한 나라의 군주로서 온 나라의 세금을 골고루 받아들입니다. 나라가 부유하고 병력이 막강하여 천하의 제후들이 대왕에게 복종하여 철마다 조공을 바칩니다. 이것은 자손만대의 큰 이익입니다.

그런데도 대왕께서는 주색에 빠져 정사를 돌보지 않고 충신을 멀리하고 계십니다. 나랏일은 날로 피폐하여 큰 나라는 호시탐탐 공략의 기회를 노리고 작은 나라는 다른 큰 나라로 발길을 돌리고 있습니다. 대왕께서는 한때 눈앞의 즐거움을 탐하다가 만세에 누릴 이익을 버리고 있으니, 이보다 더 큰 어리석음이 어디 있겠습니까?"

드디어 방탕을 접고 큰일을 벌릴 때가 왔다. 장왕은 간신 수백 명을 주살하고 수백 명을 등용하였으며, 오거와 소종에게 정무를 맡겼다. 혼탁한 정치를 바로잡은 후 주변국을 공략하여 영토를 넓혔다.

장왕은 기원전 606년(재위 8년) 중원으로 진출하여 동주(허난성) 인근에 군사를 주둔시킨 적이 있다. 주周 정왕이 왕손 만을 사자로 보내자, 장왕은 그에게 구정九鼎의 무게를 물었다[문정問鼎]. 구정은 아홉 개의 청동 솥으로서 대대로 전해오는 왕권 상징물인데, 문정은 장왕이 주나라를 넘보고 있음을 시사한다.

왕손 만이 그의 속내를 알아채고 '솥의 무게보다는 덕德이 중요하며 천명天命은 아직 주나라에 있다'고 항변하였다. 이에 장왕은 군사를 물렸다. 주周 왕실의 권위가 퇴색되긴 했지만, 인덕仁德의 정치는 아직도 유효하였다.

다음 해 장왕은 두월초를 재상으로 임명하였는데, 그가 어떤 이의 모함을 받자 반란을 일으켰다. 활 솜씨가 백발백중인 양유기가 두월초를 쓰러뜨리고 반란군을 진압하였다. 아들 두분황은 진晉나라로 도망가서 나중에 언릉전투에서 초나라 타도에 앞장선다.

장왕은 명사수 양유기를 선봉장으로 승격시키고, 신하들에게 술잔치를 베풀었다. 등불로 밤을 밝혀가면서 왕과 신하가 어울려 연회를 한껏 즐겼다.

주흥이 달아올랐을 때 갑자기 바람이 불어 등불이 모두 꺼져버렸다. 칠흑 같은 어둠 속에서 누군가가 장왕 애첩의 몸을 어루만졌고, 애첩은 발칙한 놈의 갓끈을 잡아 끊었으니 얼른 등불을 밝혀 엄벌하라고 하였다.

장왕은 신하에게 모두 갓끈을 끊고 던져 버리도록 명령하였고 계속하여 주흥을 즐기게 하였다[절영연絕纓宴].

갓끈을 끊고 즐긴 연회, 즉 '절영연'은 화합이 주목적이었기 때문에 왕이 신하의 망나니짓에 너그러움을 베푼 것이다. 범인은 엄벌을 면하게 되어 '후유' 안도의 숨을 쉬었을 것이다.

그로부터 3년 후 초나라는 정나라를 공략하였다. 정나라(허난성)는 진晉·초나라 사이에 끼어 있어 두 강국의 침략에 곧잘 시달렸다. 정나라군의 저항이 만만하지 않아 수도 신정의 함락은 석 달을 끌었다. 이때 초楚 장왕이 사로잡힐 뻔하였는데, 한 장수가 용감하게 뛰어들어 그를 구출하였다.

장왕은 승전 자축연에서 그 장수에게 상을 내리려 하였다. 장수는 '절영연'에서 자신이 애첩을 추행한 자임을 자백하면서 그때 용서해준 은혜를 갚은 데 불과하다면서 수상을 마다하였다. 그 장수는 그날 저녁 어디론가 사라졌다. 아뿔싸! 그것은 영원히 묻어 두어야 할 비밀이 아니었을까?

필전투의 오삼

초楚 장왕이 손숙오를 재상으로 등용하여 국력을 최고조로 키웠을 때의 일이다. 손숙오는 〈사기 열전〉 '순리'(#59)와 '골계'(#66)에 따르면 화합의 정치를 이끈 청백리淸白吏(청렴한 관리)였다. 기원전 597년 장왕이 정나라를 다시 공략하자, 진晉나라(경공)는 이번에야말로 좌시하지 않겠다면서 구원에 나섰다. 구원군은 대장 순림부 휘하의 전차 600승에 선곡, 각극, 조삭, 한천, 위기 등 60여 명의 장수가 출전한 대규모였다. 진晉나라와 초나라의 팽팽한 접전이 예상된다.

먼저 진나라의 진영을 보자. 그들은 진군 도중 정나라가 초나라에 이미 함락되었다는 소식을 들었다. 순림부와 다른 장수는 그냥 돌아가자고 하였으나 부장 선곡은 결전을 고집하였다.

진나라의 여러 장수가 대장의 명령을 무시하고 자신의 부대를 이끌고 초나라군에 덤벼들자, 대장 순림부는 난처해졌다. 여러 장수를 모두 군법으로 처형할 수도 없고, 사기 등등한 초나라군과 함부로 결전할 수도 없었다.

여러 장수가 대장의 명령을 어기고 적진에 뛰어든 것으로 보아 제대로 된 작전계획이 있었을 것 같지 않다. 작은 부대가 죽기 살기로 적의 대군에 대들었으니, 이것은 '달걀로 바위 치기' 아닌가? 어차피 도망가는 형세[주병走兵]가 될 것이므로 사마한궐은 차라리 결전을 주장하였다.

"부장 선곡이 병사를 이끌고 이미 황하를 건넜습니다. 이대로 두면 초나라 군대에 질 게 뻔합니다. 장군께서는 군사를 이끌고 초나라와 결전할 수밖에 없습니다. 그들이 지면 책임은 고스란히 대장에게 돌아오지 않겠습니까?"

그렇게 망설이는 참에 정鄭 양공이 특사를 보내왔다. '정나라가 초나라에 굴복한 것은 힘에 꺾여 어쩔 수 없는 선택이었다'는 변명을 하면서, 진나라가 초나라를 친다면 비밀리에 군사를 보태겠다는 게 아닌가! 진晉나라의 대장 순림부는 마지못해 부장 선곡의 뒤를 따라 형택(허난성)에 진지를 구축하였다.

다음으로 초나라의 진영을 들여다보자. 그들도 진晉나라의 대군과 싸울지 아니면 본국으로 돌아갈지를 두고 갑론을박하였다. 요직의 장수는 회군을 주장하였고, 젊은 장수들은 일전을 겨루자고 하였다. 초楚

장왕이 선뜻 결정하지 못하고 어물쩍거리자 청년 장수 오삼이 힘주어 설득하였다.

> "진나라는 군사가 많다고 하나 대장 순림부는 우유부단하여 장수들이 따르지 않아 명령이 잘 먹혀들지 않으므로 이번 싸움에서 우리가 틀림없이 승리할 것입니다. 실패한다면 신이 목숨을 바치겠습니다."

지피지기知彼知己 백전불태百戰不殆! 초나라군은 적군의 상황을 잘 헤아리고 있으므로 그리 위태롭지 않아 보인다. 초나라는 오삼의 결의를 받아들여 필에 진지를 구축하였다.

드디어 두 나라의 군대가 결전을 벌였다. 진나라군은 뚜렷한 작전 계획이 없는 데다가 대장의 명령도 먹혀들지 않아 부장들이 따로 놀았다. 그들은 좌충우돌하는 군대[난병亂兵]가 되었고 크게 패하여 황하 너머로 도망하였다.

초楚 장왕은 필전투(기원전 597년)에서 진晋나라를 꺾음으로써 성왕(장왕의 할아버지) 때의 성복전투 패배를 설욕하고 춘추오패에 들어설 수 있었다. 오삼은 가장 큰 공을 세워 대부 벼슬을 하사받았다.

승자 없는 언릉전투

진晋나라는 필전투에서 꺾이긴 하였으나 허접한 상대가 아니었다. 안전투(기원전 589년)에서 노·위·조曹나라와 연합하여 제나라를 정벌하는 등 위세를 유지하고 있었다. 초나라가 장왕 사후에 침체하고 진나라가 부흥하는 과정에서 두 강국은 기원전 575년 정·송·위·진陳의 지배권을 놓고 언릉(허난성)에서 다시 부딪혔다.

초楚 공왕(장왕의 아들)은 측 · 영제 · 임부 등의 공자를 총출동시켰고, 진晉 여공(경공의 아들)은 기 · 주 · 지의 세 각씨와 난서, 위기, 한궐을 동원하여 맞섰다.

그때 진晉 여공은 황금색 수레를 타고 군대를 이끌었는데, 수레가 진흙 구덩이에 빠져 꼼짝하지 않았다. 멀리서 지켜보던 초楚 공왕의 아들 웅패가 한 떼의 군사를 몰고 달려왔다. 그들의 말 역시 구덩이에 빠지자, 이제는 진나라 군사가 달려들어 웅패를 생포하였다. 그날의 이전투구泥田鬪狗(진흙밭의 개싸움)로도 승부를 가르지 못하고 제각기 본진으로 되돌아갔다.

진나라 진영에서 작전 회의를 하던 중 묘분황이 제안하였다. "초楚 공왕은 성질이 급하여 참을성이 없습니다. 오늘 생포한 웅패를 미끼로 유인하면 말려들 것입니다. 이때 활을 쏘아 공격하면 공왕을 사로잡을 수 있습니다."

묘분황은 두월초의 아들인데, 진나라로 망명하여 대부 벼슬을 하였고 묘苗 땅을 식읍으로 받아 성을 묘씨로 바꾸었다. 작전 회의의 전원이 그의 제안에 찬성하였으므로 명사수 위기가 웅패를 죄수용 수레에 태워 초楚 공왕을 유인하기로 하였다.

다음날 위기가 웅패를 수레에 싣고 출전하자 예상대로 초楚 공왕이 군사를 몰고 달려들었다. 지휘관이라면 사적인 인정에 휩싸이기보다 군대 조직을 우선시해야 하지 않을까? 그러나 공왕은 아들을 구하는 온정에 끌리고 말았다.

그때를 놓치지 않고 위기가 활을 들어 힘껏 쏘았고, 화살은 공왕의 왼쪽 눈을 맞혔다. 그는 눈을 다치긴 하였으나 생명에는 지장이 없었다. 양쪽 군대가 또다시 많은 사상자를 내고 각자 본진으로 물러갔다.

그날 저녁 초나라의 대장인 공자 측이 여러 날 겹친 피로를 풀 겸 술을 연거푸 몇 잔 마셨다. 공왕이 작전계획을 짜기 위해 공자를 불렀을 때 그는 술에 취해 잠들어 있었다. 초楚 공왕은 눈을 다친 데다가 대장마저 곯아떨어져 있으니 싸울 엄두가 나지 않아 대군을 이끌고 본국으로 회군하였다.

'호랑이 두 마리가 싸우다 지치면 개도 이기지 못한다'는 말도 있듯이 두 강국의 세력다툼은 서로에게 큰 타격을 주었다. 진晉나라(여공)는 권력의 중심이 제후에서 대부가로 넘어가고, 초나라(공왕)도 오래지 않아 쇠락의 내리막길에 놓이는데 그것은 아래의 '오자서의 망명'에서 비롯된다.

오자서의 망명

초楚 평왕(공왕의 막내아들)은 오자서의 오나라 망명으로 돌이킬 수 없는 후환을 만들었는데, 〈사기 열전〉 '오자서'(#6)를 통하여 내막을 들여다보자. 오사와 그의 두 아들 오상과 오자서는 필전투에서 빛나는 공로를 세운 오삼의 후손이다. 오사는 평왕의 태자 건을 가르치는 스승[태부太傅]이었다.

> 평왕은 소부少傅 비무기에게 명하여 진秦 애공의 여동생을 태자비로 맞아 오게 시켰다. 비무기는 진나라 공주의 아름다움을 왕에게 고하여 왕의 측실로 삼도록 아첨하였고, 왕은 그녀를 총애하여 아들 진을 낳았다. 이 일로 왕은 비무기를 더욱 신임하였다.

아무리 사랑에 눈멀었다지만 며느리 될 여인을 어찌 후궁으로 들일 수 있을까? 진秦 애공은 여동생이 초楚 평왕(재위: 기원전 528~516년)의 정궁(정실부인)도 아닌 후궁이 되었다는 소식에 얼마나 분개하였을까! '초나라에는 무도한 왕을 깨우쳐 줄 용기 있는 충신이 한 명도 없단 말인가?'

소부 비무기는 태자 건의 원망이 두려워 그를 헐뜯었고, 평왕은 태자를 멀리하더니 변방으로 내쫓았다. 거짓말은 또 다른 거짓말을 낳는다더니, 비무기는 변방의 태자가 앙심을 품고 반란을 꾸민다고 왕을 속였다. 사랑의 쟁취나 왕권의 수호를 위해서라면 아버지와 아들도 서로를 한치도 용납하지 못하는 모양이다. 태자는 죽임을 당할 것 같아 송나라로 달아났다.

평왕은 진노하여 태자를 잘못 가르친 죄로 태부 오사를 감금하고 아들 오상과 오자서까지 잡아들이려 하였다. 오상은 아버지를 구하려다 붙잡히는 바람에 두 부자가 모두 처형되었다. 오자서는 복수를 위하여 나라 밖으로 달아났다.

오자서는 태자 건을 모시고 송 · 정 · 진晉나라 등 여러 곳으로 도피하였다. 그러다 태자가 어떤 사건에 휘말려 죽자, 태자의 아들 승을 모시고 마지막으로 오나라 망명길에 올랐다.

그들이 초나라의 경비망을 뚫고 오나라로 망명할 수 있었던 것은 제5장 '오자서를 도운 동고공'에서 들여다볼 것이다. 오자서는 오나라를 일으켜 '기필코 초나라를 멸망시키고 억울하게 죽은 아버지와 형의 원수를 갚으리라' 굳게 다짐하였다.

3. 오·월나라의 격돌

춘추시대 말기에 이르러 진晉·초楚의 두 강대국이 오랜 다툼으로 침체의 늪에서 허우적거리는 가운데 제후들의 각축은 장강 남쪽의 오나라(장쑤성)와 월나라(저장성)로 옮겨갔다. 변방의 두 신흥국이 어쩌다 죽거나 죽이는 숙적이 되었을까? 그리고 오자서는 오나라의 흥망에 어떻게 관여하였을까?

기원전	춘추시대 말기(기원전 529~403년)의 주요 사건
516	오吳 합려가 요왕을 제거하고 집권
506	백거전투에서 오吳 합려가 초나라를 초토화
495	취리전투의 부상으로 오吳 합려가 죽고 아들 부차가 즉위
494	회계산전투에서 오吳 부차가 월나라를 정벌
484	애릉전투에서 오吳 부차가 제나라를 깨뜨림
482	홍상전투에서 월나라가 오나라군의 배후를 공격
478	입택전투에서 월나라가 고소 부근에서 오나라군에 압승
475~473	고소성 포위전에서 월越 구천이 오나라를 멸망
455~453	진양전투에서 위·조·한씨가 지백을 멸망시키고 삼진三晉분립
419~408	위魏나라가 진秦나라의 하서를 공략

오吳 합려와 손자

오나라는 주周 태왕의 장남 태백과 2남 중옹이 3남 계력에게 왕위를 양보하고 장강 남쪽으로 가서 오吳를 중심으로 장쑤성江蘇省 일대에 세운 제후국이다.

기원전 597년경 초나라에서 진晉나라로 귀화한 신공 굴무가 오나라에 사신으로 왕래하면서 병법과 전차 기동법 등을 가르쳐 초나라를 치도록 배후에서 조종하였다. 이것은 필전투에서 고배를 마신 진晉 경공이 앙숙의 초나라를 견제하는 책략이기도 하였다. 이에 힘입어

오吳 수몽(재위: 기원전 585~561년)은 오·초 강회쟁탈전(기원전 584~519년)에서 초나라를 지속적으로 공략하는 등 오나라를 강국의 반열에 올려놓았다.

춘추시대 말기 오나라의 주요 군주로는 요왕, 합려, 부차가 있는데, 요왕의 왕위 계승에 문제의 불씨가 숨겨져 있었다. 수몽은 죽을 때 제번·여제·이말·계찰의 네 아들에게 차례로 왕위를 계승하라 유언하였다. 제번이 형제에게 왕위를 물려주어 여제 다음에 이말로 이어졌는데 막내 계찰은 왕위를 사양하였다. 그런 경우 제번의 아들 광光의 순서지만, 이말은 아들 요를 왕위에 앉혔다. 이때부터 광장군은 요왕에게 잔뜩 불만을 품었다.

그런 가운데 오·초나라의 국경 마을에서 사소한 다툼이 전쟁으로 번졌고, 이때 오자서는 요왕과 광장군을 돕고 있었다.

> 광장군이 국경 마을을 함락하자, 오자서는 요왕에게 이참에 초나라의 수도 영을 치자고 꼬드겼다. 광장군이 반대하였다. "그것은 오자서의 개인적 원한 때문입니다. 초나라를 치더라도 아직은 쳐부술 수는 없습니다."

하기야 승산을 꼼꼼히 헤아려 보지 않고 감정에 휘둘리면 전쟁에서 지기 십상일 것이다. 광장군은 오자서의 원한을 잘 알고 있었고, 오자서도 또한 광장군의 꿍꿍이셈을 눈치채고 있었다.

기원전 516년 초楚 평왕이 죽고 왕위가 소왕(평왕의 아들)으로 넘어가는 혼란기에 오吳 요왕은 두 아들을 앞세워 초나라를 공략하였다. 그러나 초나라의 반격으로 뒤가 끊기는 바람에 오나라군은 오지도 가지도 못하였고, 그런 난국에 수도의 오성吳城마저 텅 빈 채였다. 광장군이 절호의 기회를 놓칠 리가 없다. 그는 오자서가 일찍이 추천한 자객 전제를 시켜 요왕의 제거를 감행하였다.

> 광장군이 무장한 병사를 지하실에 숨겨두고 술자리를 만들고 요왕을 초청하였다. 왕은 병사의 호위를 받으며 왔다. 술자리가 무르익자, 광은 전제에게 배 속에 비수를 감춘 구운 생선을 내오도록 하였다[어복장검魚腹藏劍].
>
> 전제는 왕 앞에 이르자 생선의 배를 찢고 비수를 잡아 요왕을 찔러 죽였고, 호위병은 전제를 처치하였다. 광은 숨겨두었던 병사들을 내보내 요왕의 무리를 죽이고 스스로 왕이 되었다.

어복장검은 '생선 배 속에 감추어진 칼'이다. 오늘날 회사에서 부하직원이 겉으로는 충성하는 척하나 뒤로는 몰래 회삿돈을 빼돌리는 사건이 간혹 일어난다. '입에 꿀을 바르고 배 속에는 칼을 품는' 구밀복검口蜜腹劍을 경계할 일이다.

광光장군이 왕위에 올랐으니, 그가 합려(재위: 기원전 514~496년)이다. 이처럼 혈육을 죽이고 왕권을 쟁취하는 사례는 예전의 제齊 환공이나 나중의 송宋 강왕에서 보듯이 드물지 않았다.

요왕의 아들은 길이 끊겨 돌아오지 못하자 초나라에 투항하였고, 이때 초나라에도 내란이 일어나 백비(초나라의 명신이었던 백주리의 손자)가 망명해 왔다. 대립과 갈등, 배반과 찬탈이 뒤범벅된 가운데 오자서의 복수전은 급물살을 타기 시작하였다.

오자서는 강력한 군대의 양성을 위하여 『손자병법』을 저술한 손자(손무)를 오吳 합려에게 추천하였다. 이것은 6,000여 자, 13편으로 이루어진 짧은 병법서인데, 오늘날 기업체의 경영전략에 원용되기도 한다. 합려는 이 책을 읽은 후 손자를 초빙하여 궁중의 미녀를 대상으로 그의 용병술을 시험하였다.

〈사기 열전〉 '손자오기'(#5)는 손자, 오기, 손빈의 활약을 적고 있다. 손자는 미녀 180명을 두 부대로 나누고 후궁 두 명을 좌우 부대장으로 삼은 후 사람을 처형할 때 쓰는 도끼[부월]를 준비해 두고 그들에게 훈련 내용을 설명해 주었다. 일종의 제식훈련이었다.

그러고는 북을 울려 오른쪽으로 행진하도록 했지만, 부녀자들은 웃기만 할 뿐 움직이지 않았다. 손자는 '명령이 불분명하거나 군사가 숙달되지 못한 것은 장수 잘못'이라며 훈련 내용을 되풀이하였다.

> 다시 북을 쳐서 왼쪽으로 행진하게 하였다. 부녀자들은 여전히 큰 소리로 웃기만 하였다. 손자는 엄중하게 말하였다. "명령 내용이 분명한데도 따르지 않는 것은 사졸의 죄이다." 그러고는 좌우 부대장, 즉 후궁을 목 베려 하였다.

누대 위에서 지켜보던 오吳 합려가 깜짝 놀라 훈련을 중지시켰다.

> 손자가 단호하게 말하였다. "신은 이미 명을 받아 장수가 되었습니다. 장수가 군에 있을 때에는 군주의 명이라도 받들지 않는 수 있습니다." 그러고는 두 부대장의 목을 베어 사졸들에게 보여주었다.
>
> 다른 두 후궁을 좌우 부대장으로 삼고 다시 북을 쳤다. 부녀자들은 왼쪽으로, 오른쪽으로, 앞으로, 뒤로, 꿇어앉기, 일어서기 등을 군소리 없이 정확하게 하였다.

오합지졸을 강력한 군대로 키워내는 신병훈련소의 위력이 바로 이런 것이구나! 손자는 합려에게 보고하였다. "군대는 갖추어졌습니다. 왕께서 그들을 쓰고자 하신다면 물불을 가리지 않고 뛰어들 것입니다." 오吳 합려는 총애하는 후궁 두 명을 졸지에 잃긴 했지만, 최고의 병법가를 얻은 것으로 위안하고 손자를 오나라의 장군으로 삼았다.

백거전투의 오자서

합려는 재위 3년에 초나라를 공략하였다. 그가 초나라에 투항한 요왕의 두 아들을 사로잡은 뒤 수도 영을 치고자 하였으나 손자는 백성이 지쳐 있다면서 말렸다. 싸우려면 반드시 이겨야 하고, 질 싸움이라면 애초부터 하지 않는 게 상책이다.

그로부터 또 6년 후 합려가 초나라를 치려 하니, 손자와 오자서는 당나라와 채나라를 끌어들여 함께 도모하면 가능하다고 하였다. 기원전 506년 손자를 대장으로, 오자서와 백비를 부장으로 삼아 당·채나라의 연합군과 함께 초나라를 맹공하였다. 동생 부개도 따라나서려 하였으나 왕은 허락하지 않았다.

오나라는 백거전투에서 다섯 번의 접전을 모두 이기고 초나라의 수도 영을 함락하였다. 초楚 소왕은 영성을 버리고 달아났고, 거의 200년간 누려오던 수도는 쑥대밭이 되어버렸다.

오자서는 철천지원수 평왕의 능을 파헤쳐 시신을 꺼내 채찍으로 때렸다[굴묘편시堀墓鞭屍]. 그것도 300번이나! 무덤에서 관을 꺼내 시체를 칼로 베는 '부관참시'는 들어보았지만, 죽은 몸뚱이에 채찍질은 더욱 끔찍하다. 오자서의 원한이 얼마나 사무쳤는지, 그가 얼마나 꼿꼿하고 사나운 성품인지 알 수 있다.

> 오자서의 친구 신포서가 사람을 보내 탄식하였다. "당신의 복수는 지나친 것 같소. 초楚 평왕을 섬겼던 그대가 지금 죽은 사람을 욕보이니 천도天道의 끝까지 간 것이 아니겠소?" 이에 오자서는 신포서에게 사과의 말을 전하게 하였다. '해는 저물고 갈 길은 멀어[일모도원日暮途遠] 이 때문에 나는 순리에 거스른 행동을 했소이다.'

일모도원이란 '나이는 들었으나 아직 해야 할 일이 많다' 또는 '늘그막에나마 복수는 꼭 해야 한다'는 의미이다.

하지만 초나라에 충신이 전혀 없지는 않았다. 신포서가 진秦 애공에게 달려가 초나라를 구해 줄 것을 애걸하였다.

> 신포서가 대궐 앞뜰에 이레 밤낮을 쉬지 않고 울었더니, 애공이 그의 충정에 감복하여 말하였다. "초나라는 도리가 없는 나라이지만 이토록 충성스러운 신하가 있으니 살려놓아야 하지 않겠소?"

여기에서 초나라를 '도리가 없는 나라'라고 한 것은 초楚 평왕이 며느리 될 여인(진秦 애공의 여동생)을 자기 첩으로 삼은 것을 가리킨다. 진나라는 신포서를 어여삐 여겨 전차 500대를 보내 오나라군을 물리치고 초나라를 구하였다.

정작 오吳 합려를 분통 터지게 한 것은 동생 부개가 월나라의 지원을 받아 반란을 일으킨 것이었다. 합려는 급히 귀국하여 반란군을 깨뜨렸고, 부개는 초나라로 도망하였다. 초楚 소왕은 수도 영으로 되돌아와 부개를 받아들여 당계에 봉하고 오나라 군대를 물리치게 하였다.

합려는 부개의 반란을 도운 월나라를 기어이 응징하리라 벼렸다. 백거전투(기원전 506년)의 10년 후 합려는 월나라를 공략하였지만 도리어 취리전투(기원전 496년)에서 중상을 입었다.

> 오吳 합려는 죽기 전에 태자 부차에게 유언하였다. "너는 월越 구천이 네 아비를 죽인 일을 잊겠는가?"
>
> 부차는 맹세하였다. "결코 잊지 않겠습니다."

합려의 뒤를 이어 왕좌에 오른 아들 부차(재위: 기원전 495~473년)는 곧바로 숙적의 월나라를 칠 기회를 노렸다.

월越 구천의 와신상담

월나라는 어떤 나라인가? 무여가 주나라 왕실로부터 책봉 받은 이래 회계(저장성)를 중심으로 장강 이남의 저장성浙江省 · 푸젠성福建省 · 장시성江西省 · 광둥성廣東省 등 중국 동남부와 베트남 북부에 걸쳐 있었다. 춘추시대 말기의 주요 군주는 구천, 녹영, 불수 등이다.

월越 구천(재위: 기원전 496~464년)은 집권 초기부터 치욕을 감수해야 하였다. 강대국 오나라가 기원전 494년 백비를 태재太宰로 삼아 맹공격을 퍼붓자, 월나라는 회계산전투에서 속절없이 무릎을 꿇었다.

구천은 대부 문종을 시켜 태재(재상) 백비에게 많은 뇌물을 보내어 싸움의 종료를 요청하였다. 오吳 부차가 백비의 간사한 말에 넘어가 화해하는 쪽으로 기울자 오자서는 극구 반대하였다.

> "월越 구천은 힘든 고통을 잘 견디는 인물이므로 지금 그를 제거하지 않으면 훗날 후회하게 될 것입니다."

부차는 오자서의 충언을 무시하였고, 회계산전투는 월나라와 친교하는 것으로 끝났다. 이후에도 오자서가 월越 구천의 제거를 여러 차례 간언했지만, 오吳 부차는 막무가내였다.

글쎄, 다른 사람도 아닌 아들이 아버지의 원수와 친교를 맺다니! 이해하기 어렵지만 그래도 아들이 화해하겠다면 제삼자는 복수를 단념할 수 있지 않을까? 세 차례 간언해도 듣지 않으면 신하가 벼슬에서 물러나는 게 상책이다. 그런데도 오자서는 왜 구천의 제거를 집요하게 고집하였을까?

오자서의 인생은 오로지 아버지와 형의 원수를 갚는 삶이었다. 합려를 도와 초나라를 정벌하여 천추의 원한을 푸는 은혜를 입었으므로 월越 구천을 처단함으로써 보은하고자 한 걸까? 아니면 장강 이남에 두 나라는 어차피 공존할 수 없는 운명임을 꿰뚫어 본 것일까? 오자서의 복수심은 부차에 의해 죽임을 당할 때까지 줄기차게 끓어올랐다. 한마디로 그는 복수의 화신이나 다름없었다.

월越 구천은 오나라로 압송되어 오吳 부차의 하인으로서 굴욕적인 시중을 들었다. 왕궁 근처의 흙집에 기거하며 일꾼의 옷을 입고 말을 키우는 등 온갖 잡일을 마다하지 않았다.

> 구천은 땔감 위에서 불편한 잠을 자며 밥상머리에 곰의 쓸개를 달아 놓고 쓴맛을 보면서 복수를 다짐하였다[와신상담臥薪嘗膽].

누구라도 굴욕을 당하면 당장은 몹시 분하여 이를 부드득 갈고 속을 부글부글 썩이겠지만[절치부심切齒腐心], '와신상담'은 어떤 목표를 이루기 위하여 온갖 어려움을 오랫동안 참고 견디는 자제력을 보여준다는 점에서 '절치부심'과는 구별된다.

구천은 치욕의 3년을 견딘 후 월나라로 되돌아와 복수할 저력을 키웠다. 구천은 검소한 생활을 하며 부지런히 백성을 독려하여 부국강병에 힘썼다. 밖으로는 오吳 부차에게 순종하는 모습만 보여줘 방심을 유도하는 한편 백비에게 뇌물을 계속 보내서 부차와 오자서를 이간질하였다.

월나라의 재기는 대부 범려와 그의 스승 계연에 크게 힘입었다. 계연이 말하였다.

> "쌀값을 안정시키고 물자를 고르게 유통하여 관문이나 시장에 물건을 넉넉하게 하는 것이 나라를 다스리는 길이다. 값이 비싸면 팔고 값이 싸면 사들여 물건과 돈이 흐르는 물과 같이 유통되어야 한다."

역시 돈을 버는 데에는 농업이 공업만 못하고 공업이 상업만큼 못한 법이다. 이런 방식을 실천한 지 10년이 되니 나라는 부강해지고 병사들은 적군의 화살과 돌을 향해 용맹스럽게 달려 나갈 수 있는 정도가 되었다.

자공의 지략과 오나라 패망

월나라가 오나라에 보복하는 결정적 기회는 공자(중니)의 제자인 자공子貢이 만들어 주었다. 〈사기 열전〉 '중니제자'(#7)는 노나라의 공자가 언변이 뛰어난 자공을 불러 노나라를 제나라로부터 방어하고 월나라를 돕게 하는 이야기를 싣고 있다.

자공이 제나라의 속사정을 들여다보니 대부 전상田常이 반란을 획책하던 중 고씨 · 국씨 · 포씨 · 안씨의 세력이 두려워 약소국 노나라를 친다는 게 아닌가! 그는 전상에게 노나라 공략이 잘못되었다고 설득하였다.

> "당신이 약한 노나라를 쳐서 이긴다면 제나라 왕은 더 교만해져 제멋대로 하고, 대신들은 방자해져 권력다툼을 일삼을 것입니다. 당신은 위로는 왕과 틈이 벌어지고 아래로는 대신들과 다투게 되어 입지가 위태로워질 것입니다."

그리고 노나라 대신에 강한 오나라를 쳐야 하는 이유를 들었다.

> "오나라를 공격하여 설령 이기지 못하더라도 백성은 밖에서 죽고 대신들은 나라 안에서 그 지위를 잃게 됩니다. 그러면 당신은 위로는 대적할 만한 신하가 없어지고 아래로는 백성의 비난을 받지 않을 것이니 왕을 고립시켜 제나라를 마음대로 할 수 있는 사람은 당신밖에 없게 됩니다."

전상이 이에 공감하여 노나라 공략을 붙들어 놓는 사이에 자공은 오나라로 달려가서 부차에게 노나라를 도와 제나라를 치도록 꾀었다.

> "노나라를 구원하는 것은 명분을 살리는 일이고, 제나라를 치는 것은 큰 이익을 얻는 일입니다. 포악한 제나라를 벌함으로써 강한 진晉나라까지 굴복시킨다면 이익은 막대할 것입니다."

제나라는 재상 안영(~기원전 500년)에 이어 경공(재위: 기원전 547~490년)이 죽고 신하들이 권력다툼에 빠져 있었으므로 오吳 부차는 자공의 계책에 솔깃하였다. 그러나 그는 자기가 제나라를 치는 동안에 이웃의 월나라가 복수해 오지 않을까 염려하였다. 자공이 다시 독려하였다.

> "왕께서 월나라가 마음에 걸리신다면 제가 구천을 만나 제나라를 공략할 지원군을 보내게 하겠습니다. 월나라를 살려두어 제후들에게 어질다는 것을 보이고, 노나라를 구하여 제나라를 정벌한 뒤 위엄을 진晉나라에 미친다면 제후들은 오나라에 조회할 것입니다."

오吳 부차는 제후의 우두머리가 된다는 말에 귀가 번쩍 뜨였다. 자공이 지원군을 얻으러 월나라로 달려가니, 월越 구천이 교외까지 마중 나와서 환대하였다. 자공은 구천을 구슬렸다.

> "왕께서 오吳 부차에게 지원군을 보내어 그의 뜻을 선동하고, 보물을 보내 환심을 사며, 스스로 낮추어 그를 높여주면 안심하고 제나라를 칠 것입니다. 오나라가 싸움에 지면 그것은 왕의 복이요, 이기더라도 계속하여 진나라를 칠 것입니다. 저는 진나라 왕을 만나 오나라를 치도록 할 터이니 오나라의 세력은 약해질 것입니다. 왕께서 그 틈을 이용하여 기습한다면 오나라를 멸망시킬 수 있습니다."

끝으로 자공은 진晉 정공을 찾았다. "지금 제나라와 오나라가 서로 싸우려는데, 오나라가 이기면 진나라로 쳐들어올 것입니다. 군대를 정비하고 병사를 쉬게 하며 기다리십시오."

마침내 오吳 부차는 기원전 484년 월나라 지원군과 합세하여 애릉전투에서 제나라를 굴복시키고 노나라와 우호조약을 맺었다. 부차는 이참에 '월나라 처단 없는 제나라 공략'을 끈질기게 반대하던 오자서에게 자신의 칼을 보내 자결하게 하였다.

불운의 오자서! 왕의 역린을 건드렸으니 어찌 제 수명을 누리겠는가! '역린'은 용의 목에 거꾸로 난 비늘을 일컫는데, 윗사람의 약점이나 민감한 사항을 비유할 때 쓰인다. 오자서는 숨을 거두면서 부차를 저주하였다.

> "내가 죽거든 내 눈을 뽑아서 오나라의 동문에 매달아라. 월나라가 쳐들어오는 것을 두 눈으로 똑똑히 보리라."

그는 아버지와 형이 억울하게 죽은 데 이어 본인까지도 천추千秋의 원한을 품고 죽었다. 오자서는 저승에도 가지 못하고 이승을 헤매는 떠돌이 귀신[원귀冤鬼]이 되었을 것이다.

그런 다음 오吳 부차는 진晉나라군과 마주쳤다. 진나라는 초나라에 몇 차례 맹주의 지위를 내준 적이 있으나 안전투(기원전 589년)에서 제나라를 쳐부수는 등 여전히 막강하였고, 더구나 이번 전쟁을 준비하여 승리의 여건을 미리 조성해 놓지 않았는가! 부차의 군대는 황지에서 진나라군에 형편없이 당하였다.

> 그러자 월越 구천은 기다렸다는 듯이 오나라를 기습하였고, 오吳 부차는 오호五湖에서 월나라와 여러 차례 접전[홍상전투, 입택전투 등]하였으나 이기지 못하였다.

결국 오吳 부차는 고소성 포위전(기원전 475~473년)에서 백기투항하였다. 월越 구천은 부차를 죽이고 백비까지 처형하였다. 그런데 백비는 뇌물을 챙기긴 하였으나 여태껏 협력해 준 이가 아닌가? 누구나 상대편의 배반은 얼싸 반기지만 배반자는 지독히 혐오하는 모양이다. 오나라는 태백(기원전 11세기) 이래 부차(재위: 기원전 495~473년)까지 500년 만에 멸망하였다.

월越 구천은 춘추시대의 마지막 패자霸者였다. 서주에서 제·진·송·노나라의 제후들과 회맹한 후 주周 원왕에게 조공을 바쳤다. 하지만 최고의 공신이었던 범려는 미련 없이 월나라를 떠났다. 걸출한 신하는 왕의 목적을 달성하는 데 필수적이지만, 대업을 이룬 후에는 반역하지 않을까 부담되기 때문이다.

> 범려는 재상 문종에게 '토끼가 잡히고 나면 사냥개는 삶긴다'[토사구팽兎死狗烹]는 내용의 편지를 남겼다.

재상 문종은 은퇴를 망설이다가 구천의 의구심을 받아 자결하였다. '토사구팽'은 '필요할 때 소중히 여기다가 쓸모가 없어지면 버린다'는 뜻이다. 오늘날 정치인이나 직장인이 드물지 않게 이 말을 쓰는 걸 보면 수천 년 전과 그리 달라진 게 없는 모양이다. 범려처럼 '각자도생'을 각오하고 살아야 할진저!

삼진분립

춘추시대 말기 황하 유역의 중원中原도 잠잠하지 않았다. 진晉나라는 오랫동안 초나라와 자웅을 겨루다가 진晉 경공 이래 대부가大夫家에게 권력을 빼앗기면서 침체의 수렁에 빠졌다. 대부가는 공적에 따라 부용국(제후의 속국)을 할당받기도 하고, 나라의 권력을 분장 받기도 하는 높은 신분층이다.

대부가의 세력 투쟁에서 위씨魏氏, 조씨趙氏, 한씨韓氏, 범씨, 중항씨, 지씨 등 여섯[육경六卿]이 남았는데, 처음의 세 성씨가 진양전투(기원전 455~453년)에서 나머지를 제거한 후 진晉나라는 위나라(수도 안읍), 조나라(수도 진양), 한나라(수도 양책)의 셋으로 쪼개어졌다. 이것을 삼진분립三晉分立이라 부른다.

퇴출당한 지씨智氏의 우두머리인 지백에게 '예양'이란 자객이 있었는데 그에 대해 잠시 알아본다. 지백은 예양을 존경하고 아꼈다. 조양자가 지백을 멸망시키고 후손까지 씨를 말리자, 예양은 산속으로 달아나면서 복수를 다짐하였다.

> 예양은 신분을 숨기고 조양자의 궁궐로 들어가 변소의 벽을 바르는 일을 하였다. 조양자가 변소에 갔다가 거동이 수상한 자를 잡아 조사해 보니 예양이었고 그의 품속에 비수가 숨겨져 있었다. 신하들이 그의 목을 베려 하자 조양자는 그만두게 하였다. "그는 의로운 사람이다. 주인을 위해 원수를 갚으려 하였으니, 천하의 현인이다."

조양자는 예양을 풀어주었다. 그런데 얼마 뒤 예양은 조양자를 찌르기 위해 다리 밑에 숨어 있다가 또 붙잡혀 온 게 아닌가? 조양자는 한탄하였다. "그대가 지백을 위해 충성과 절개를 다했다는 이름은 벌써 이루어졌고, 과인이 그대를 용서하는 일도 이미 충분했다네. 나는 이젠 그대를 놓아주지 않으리라."

> 예양이 말했다. "전날 군왕께서 신을 용서한 일로 당신의 어짊을 칭찬하지 않는 이가 없습니다. 오늘 일로 신은 죽어 마땅합니다. 아무쪼록 당신의 옷을 얻어 그것을 칼로 베어 원수를 갚으려는 뜻을 이루게 해

준다면 죽어도 여한이 없겠습니다."

조양자는 그의 기백에 감복하여 자기 옷을 갖다주게 하였고, 예양은 칼을 뽑아 들고 옷을 세 번이나 내리치면서 말하였다. "이것으로 지백에게 은혜를 갚을 수 있게 되었구나." 그러고는 칼에 엎어져 목숨을 끊었다.

오자서의 경우와 달리 예양은 지백의 원한을 갚는 데 어떤 실질적 보탬이 되지 못하였다. 그래도 그가 어떤 대가도 바라지 않고 충성을 다하였으므로 뜻있는 선비는 그의 죽음을 전해 듣고 모두 눈물을 흘렸다.

영원한 승자는 없다

지금까지 다섯 강국[춘추오패]에 집중하여 춘추시대(기원전 770~403년)를 살펴보았다. 제齊 환공의 포용력이나 관중·포숙의 우정도 인상적이고, 진晉 문공의 대기만성大器晩成이나 초楚 장왕의 불비불명과 절영연도 볼 만했지만, 정작 우리의 관심을 끌었던 것은 제후국 간의 각축이 아니었을까?

제·진·초·오·월나라의 패권은 각각 수십 년을 넘기지 못하였다. 병법가 손자에 따르면 '전쟁에서 한번 거둔 승리는 반복되지 않는다.' 전쟁의 상황이 늘 바뀌므로 새로운 전략과 대안이 없으면 승리를 보장할 수 없기 때문이다. 이처럼 승리는 이루기보다 유지하는 것이 한층 어려운 법이다.

패권 다툼의 백미는 장강 이남의 오월 공방전이다. 진晉·초나라의 각축도 장관이지만 오·월나라의 격돌은 훨씬 극적이었다. 오나라는 장강 유역의 초나라와 황하 유역의 제나라를 차례로 짓밟았고, 월나라는 오욕의 세월을 극복하고 기고만장의 오나라를 멸망시키지 않았는가!

오월쟁패吳越爭霸가 흥미진진한 진짜 이유는 변방의 나라가 기존의 강대국을 쩔쩔매게 하는 과정을 보여주었기 때문일 것이다. 우리는 월越 구천의 와신상담에 격려의 박수를 보내고, 자공의 언변과 수완에도 거듭 갈채를 아끼지 않았다.

유학을 공부한 윤세주도 '자공은 한 번 나서서 노나라를 보존하고 제나라를 어지럽게 했으며, 진晉나라를 강국 되게 하였고, 오나라를 멸망시켰으며, 월越 구천을 제후의 우두머리 되게 하였다'면서 칭송하고 '중니(공자)보다 자공이 더 낫다'는 말은 바로 이 때문이라면서 맞장구를 쳤을 것이다.

이처럼 약자의 위력을 그린 이야기는 고대 그리스의 〈이솝 우화〉에도 꽤 많다. '생쥐를 무서워한 사자와 여우', '사자와 은혜 갚은 생쥐', '독수리와 쇠똥구리' 등이 있다. 윤세주는 보통학교 시절에 이러한 우화를 읽으며 꺾이지 않는 기개를 키웠을 것이다.

오월동주吳越同舟라는 말도 있다. '오나라 사람과 월나라 사람이 같은 배를 타다' 또는 '적대적인 사람이 같은 처지에 놓여 있다'는 뜻이다. 『손자병법』 구지편九地篇을 보자.

> 오나라와 월나라 사람은 서로 미워하나 그들이 같은 배를 타고 강을 건너는 상황에서 풍랑을 만난다면 서로 구제함이 오른손, 왼손의 관계와 같을 것이다.

이것은 우리 속담의 '원수는 외나무 다리에서 만난다'거나 오늘날 더러 쓰는 '적과의 동침'에 상당한다.

오월동주는 소름이 끼치는 상황이지만, 인생에는 〈이솝 우화〉 '사자와 멧돼지'에서 보듯 영원한 숙적도, 친구도 없다.

> 사자와 멧돼지는 물을 마시려고 샘으로 갔다. 누가 먼저 물을 마시느냐를 두고 말다툼하다가 혈투를 벌이게 되었다. 그들은 문득 둘 중에 먼저 쓰러지는 쪽을 잡아먹으려고 노리는 독수리 떼를 보았다. 사자와 멧돼지는 서로에게 적대감을 풀고 말하였다. "독수리와 까마귀의 밥이 되기보다 친구가 되는 편이 낫겠어."

일본제국에 맞서기 위해 중국이나 미국은 한동안 앙숙과 손을 맞잡은 적이 있다. 중국의 경우 1920~1940년대 국민당과 공산당은 이념을 달리했지만 서로 협력[국공합작國共合作]하였고, 미국도 제2차 세계대전 때 소련을 지원하는 쪽으로 급선회하였다.

조선의용대의 경우는 어떠하였을까? 그들은 1938년에 창설될 때부터 좌익과 우익의 연합체이었다. '어떤 사상은 환영하고 어떤 사상은 배척하는 것이 아니라 항일의 모든 민족은 조선의용대의 기치 아래 모두 단결하여 일본제국주의와 결투하고 민족의 독립을 쟁취하여야 한다'는 정치노선을 가지고 있었다. 국민당과 협조하여 항일전투를 수십 차례 벌였고, 나중에 공산당과 손잡고 태항산의 호가장전투, 반소탕전 등 일본군에 대항하여 몇 차례의 전투를 하였다.

제2장

전국시대의 개혁과 합종연횡

1. 개혁의 바람
   위나라 서문표의 폐습타파 / 살처구장의 오기 / 제나라의 즉묵대부 / 손빈의 승전보 / 진나라 상앙의 변법

2. 합종연횡
   소진의 합종책 / 원수의 맹약 / 장의의 연횡책 / 감무와 의양전투

3. 최강자로 가는 갈림길
   송나라 멸망 / 연나라 악의와 제서전투 / 재기한 제나라 / 조나라의 버팀목

춘추시대의 막바지에 대부들이 제후를 끌어내리고 권좌를 빼앗는 희대의 사건(역성혁명易姓革命)이 일어났는데, 그 시작은 진晉나라가 조趙·위魏·한韓의 세 성씨의 나라로 쪼개어진 삼진분립三晉分立이었다.

삼진 연합군이 늠구전투에서 제나라의 내란을 평정한 직후 기원전 403년 조·위·한나라는 주周 왕실로부터 제후로 인정받았다. 이때부터 전쟁이 나라 간에 끊이지 않는 전국시대(기원전 403~221년)가 막을 올렸다. 기원전 386년 제나라에서도 규성嬀姓 전씨田氏의 대부(전화)가 강성姜姓 여씨呂氏의 제후(강공)를 찬탈하였다.

전국시대의 182년 동안 일곱 강국[전국칠웅戰國七雄]의 난투는 31회이었으니 5년마다 전쟁이 일어난 꼴이다(미리보기 2). 전국칠웅의 패권 다툼은 전국시대 초기의 개혁과 중기의 합종연횡을 거치면서 서서히 최강자의 윤곽을 보여준다.

1. 개혁의 바람

전국시대 초기에 개혁의 바람은 일곱 강국(위·조·한·제·연·초·진) 중 위나라에서 가장 먼저 일었다. 위魏 문후(재위: 기원전 425~387년)는 이극, 서문표, 악양, 오기 등의 인재를 기용하고 적재적소에 배치하여 혁신을 이끌었다.

재상 이극은 봉건제의 정치를 뒷받침하던 인덕仁德의 이념에서 탈피하여 힘에 의한 법술法術을 강조하였다. 토지제도와 농업기술의 혁신을 주도하였고, 업적 있는 자에게 벼슬과 녹봉을 주고 상벌을 분명히 시행하는 법가적 개혁을 단행하였다.

법가法家는 어떤 통치 원리를 가지고 있는가? 법가에는 법치法治, 술치術治, 세치勢治가 있다. 법法은 군주가 정하는 규범이고, 술術은 법을 행하는 수단, 세勢는 군주가 신하를 관리하고 주도권을 잡는 방법론을 지칭한다. 술術의 핵심은 군주의 명령[명名]과 신하의 실적[형形] 간의 일치 여부에 따른 시비의 판단이라고 보았다. 법가는 법의 이행을 통해 부국강병을 이루고 전제적 군주 권력의 확립을 꾀하였다.

기원전	전국시대 초기(기원전 403~342년)의 주요 사건
405~404	늠구전투(조 · 위 · 한의 삼진 연합군이 제나라의 내란을 평정)
389	음진전투에서 위魏 오기가 진秦군을 대파, 서하지역을 장악
386	제나라의 대부 전화가 강공을 몰아내고 태공으로 등극
383	극포전투에서 위衛, 위魏, 제齊가 조趙, 초楚와 대립
369	탁택전투에서 조趙 · 한韓이 위나라 계승분쟁 간섭
364	석문산전투에서 위나라가 진秦나라에 패배
362	회북전투에서 위나라가 조趙 · 한韓 연합군을 격파
361	위魏나라 수도를 안읍(산서성)에서 대량(허난성)으로 옮김
359	진秦 효공이 상앙의 변법을 시행
354	계릉전투에서 제魏 위왕이 위나라를 깨뜨림
350	진秦 효공이 수도를 위수 북쪽의 함양(산시성)으로 옮김
342	마릉전투에서 제魏 위왕이 위나라를 깨뜨림

위나라 서문표의 폐습타파

서문표는 위魏 문후 때 혁신적 관료의 표상이다. 그는 업현(허베이성)의 현령이었는데, 이곳은 위나라(수도 안읍)의 전략적 요충지로서 조나라(수도 진양)의 한단, 한나라(수도 양책)의 상당과 인접하였다. 한단은 황하 북쪽의 상공업 중심지이고, 상당(산서성)은 나중에 장평대전의 신호탄이 된 곳이다.

서문표가 부임해 오니 성안이 썰렁하여 업현의 소멸이 우려될 지경이었다. 그는 명망 있는 노인[장로長老]에게서 까닭을 들었다.

"강의 신 하백河伯에게 신붓감을 바치는 일로 괴로워하고 있습니다. 젊고 아름다운 처녀를 바치지 않으면 하백이 강물을 범람시켜 마을을 휩쓸어 가지요. 관리와 아전이 해마다 세금으로 수백만 전을 걷는데, 인신 공양에 20~30만 전을 쓰고, 나머지는 무당들과 함께 나누어 가집니다. 딸을 가진 집에서는 무당에게 빼앗길까 봐 달아나는 자가 많습니다. 그래서 성안이 텅 비고 사람들은 가난해졌습니다."

강의 신에게 신붓감을 바치는 날 서문표는 하수河水(황하의 옛 이름)의 물가로 나갔다. 거기에는 무당과 여제자, 관리와 아전, 장로, 일반 백성이 웅성대고 있었다.

서문표는 하백의 신붓감이 예쁜지 미운지 보고 난 뒤 무당, 관리, 장로에게 말하였다. "처녀가 예쁘지 않으니 무당 할멈은 물속에 들어가서 하백에게 '예쁜 처녀를 다시 구해 다른 날에 보내드리겠습니다'라고 말씀드려 주시오." 그러고는 아랫사람을 시켜 늙은 무당을 안아서 강물 속에 던져 넣었다. 조금 기다렸다가 서문표가 다시 말하였다. "무당 할멈이 왜 이리 꾸물거릴까? 이제는 젊은 제자가 가보라." 다시 여제자를 강물에 내던졌다.

무당과 여제자가 차례로 강물에 던져지는 광경을 지켜보던 사람들의 굳은 표정이 어렵지 않게 연상된다. 물론 업현의 관리도 용서받을 수 없었다.

조금 지나서 서문표가 말을 꺼냈다. "무당과 제자는 여자이기 때문에 사정을 말씀드리기 어려운 모양이오. 수고스럽지만 이제는 관리가 하백에게 말씀드려 주시오." 그러고는 관리를 강물에 던졌다. 서문표는 몸을 굽혀 물속을 들여보다가 옆의 장로와 아전에게 물었다. "무당과 관리가 모두 돌아오지 않으니 어찌하면 좋겠소?"

서문표는 죽을상을 짓고 있는 사람들을 둘러보며 인신 공양의 폐습은 이쯤에서 끝낼 수 있겠다고 여겼다.

> 그들은 땅바닥에 머리를 조아려 이마가 깨져 피가 흐르고 얼굴이 잿빛으로 변해 있었다. 서문표가 말하였다. "아전들은 일어서라. 하백이 손님을 너무 오래 머물게 하는 것 같다. 다들 돌아가거라."

소문을 듣고 실향민이 업현으로 돌아왔다. 서문표는 폐습타파를 차분하고 단호하게 이루어 내었다. 그는 백성과 군졸을 동원하여 강물을 끌어들이는 관개사업을 벌이면서 말하였다.

> "백성이란 일이 이루어진 뒤에 함께 누릴 수 있을 뿐 일을 시작할 생각을 하지 못한다. 지금 마을의 부로父老와 자제들은 자기들을 괴롭힌다고 원망하겠지만, 100년 뒤 그들의 자손은 내 말을 되새기게 될 것이다."

백성은 논에 물을 대는 토목공사를 번거롭게 여겼지만, 완공 후에는 풍족한 생활을 누렸다.

이처럼 현장에서 문제해결의 실마리를 찾아 혁신하는 노력은 어느 시대에나 필요할 것이다. 예를 들어, 현대그룹의 정주영은 건설업, 조선업 또는 자동차제조업 등 새로운 사업을 추진할 때마다 '안 될 거야'라는 고정관념을 깨고 '안 되면 되게 해야지' 하며 집요하게 목표를 성취하였다.

살처구장의 오기

다음으로 위魏 문후 때 영토를 대폭 넓힌 장수를 보자. 위나라의 악양과 오기는 자신의 명예를 위해서라면 무슨 짓이라도 감행하는 장수이었다. 악양은 중산국을 정벌하면서 거기서 벼슬하던 아들을 죽였고, 오기는 제나라 공략에 앞서 제나라 출신의 아내를 죽인 후 출전하였다. 둘 중에서 노·위魏·초나라를 떠돌며 명성을 떨친 오기(~기원전 381년)에 대해 알아본다.

오기는 위衛나라 출신인데 처음에는 증자(공자의 제자)에게 유학을 배웠으나, 그와 의절한 후 병법을 공부하여 장수가 되었다. 제나라가 공격해 왔을 때 노나라 군주는 오기를 장군으로 삼으려 했지만, 그의 아내가 제나라 사람이라 망설였다.

> 오기는 아내를 죽여 제나라 편이 아님을 분명히 하고 장군으로 참전하여[살처구장殺妻求將], 제나라군을 일격에 무찔러 큰 공로를 세웠다.

살처구장은 '아내를 죽여 장군이 된다'는 뜻이다. 자신의 목표 달성을 위하여 아내를 죽이다니! 반려자로서 아내를 누구보다도 아끼고 사랑하는 대신에 자기 출세를 위하여 인륜을 저버렸다. 훨씬 전에 스승이 그와 의절한 것도 이해된다.

오기에 대한 비방이 들끓자, 노나라 군주는 그를 의심하여 쫓아버렸다. 인근의 위나라에서 문후는 오기가 사마양저를 능가한다는 재상 이극의 호평을 받아들여 장군으로 기용하였다.

> 오기는 병사들과 동고동락하여 그들의 믿음을 얻었다. 병사들과 똑같이 먹고 입고 잤으며, 행군할 때도 말이나 수레를 타지 않았다. 한 병사가 종기가 나자 오기는 입으로 고름을 빨아주었다[연저지인吮疽之仁].
>
> 병사의 어머니가 소식을 듣고 통곡하였다. 주위 사람이 까닭을 묻자, 그녀가 대답하였다. "그 아버지의 종기도 오공께서 빨아주었는데 아버지가 전투에 앞장서 싸우다가 죽고 말았소. 오공께서 이제는 아들의 종기를 빨아주었으니 아들마저 어디서 죽을지 몰라 운 것이오."

병사의 종기를 빨아주는 장군의 인자함에서 '연저지인'이란 고사성어가 생겼다. 장군과 부하들이 동고동락하였으니 어찌 사생결단死生決斷으로 싸우지 않겠는가!

위나라 오기는 진秦나라와 맞댄 서하西河의 태수가 되었으며, 음진전투(기원전 389년)에서 진나라의 성을 다섯 개 빼앗았다. 이로써 위魏 문후는 삼진三晉 중에서 가장 먼저 제후의 우두머리로서의 면모를 보일 수 있었다.

오기는 문후의 아들 무후도 섬겼다. 위魏 무후(재위: 기원전 387~371년)는 권좌에 오르면서 극포전투(기원전 383~381년) 등의 전쟁을 자주 일으켰다. 어느 날 그는 오기에게 '진을 치면 반드시 안정되고, 지키면 반드시 공고하며, 싸우면 반드시 이기는 방도'를 물었다. 오기가 대답하였다.

> "군주가 현명한 이를 위에 앉히고 못난 이를 아래에 두면 진은 안정된 것입니다. 백성이 자기의 밭과 집을 편안하게 여기고 관리를 친근하게 여기면 수비는 공고한 것입니다. 백성이 모두 자기 군주가 옳다고 하고 이웃 나라가 그르다고 하면 싸움은 이미 이긴 것입니다."

이것은 내부적 단합이 전쟁 승리의 관건임을 강조한다. 오기는 적을 공략하여 성을 점령하더라도 함부로 약탈하지 않았다. 그에게 전쟁의 궁극적 목적은 전투의 승리가 아니라 민심의 획득이었기 때문이다.

> 군대가 이르는 곳에서 나무를 베지 않고, 집을 뒤지고 양식을 취하지 않으며, 가축을 죽이거나 재물을 태우지 않음으로써 백성에게 우리 군대가 잔혹한 마음이 없다는 것을 보여주었다. 항복하는 자가 있으면 받아들이고 안심시켰다.

그러나 오기는 무후 때 위태로운 처지에 놓였다. 제나라에서 망명해 온 전문田文이 재상의 자리를 차지하자, 오기는 그를 시기하여 서로의 공로를 비교하자고 하였다.

> 오기가 물었다. "삼군三軍의 장군이 되어 병사들이 목숨 바쳐 싸우게 하고, 적국이 우리를 넘보지 못하게 한 점에서 누가 더 낫습니까?" 전문이 대답하였다. "당신만 못합니다." 오기가 다시 물었다. "모든 관리를 다스리고 백성을 친밀하게 하고 나라의 창고를 가득 채운 점에서 누가 더 뛰어납니까?" 전문이 대답하였다. "당신만 못합니다."
>
> 오기가 또 물었다. "서하를 지켜 진나라 군사들이 침입하지 못하게 하고, 한나라와 조나라를 복종시킨 점에서 누가 우월합니까?" 전문이 대답하였다. "당신만 못합니다." 오기가 따져 물었다. "이 세 가지 점에서 당신은 나보다 못한데 나보다 윗자리에 있는 것은 무슨 까닭입니까?"
>
> 전문이 되물었다. "주군의 나이가 어려서 나라가 안정되지 못하고, 대신들은 말을 들으려 하지 않으며, 백성은 믿지 못하고 있으니, 이런 때에 당신에게 재상 자리를 맡기겠습니까, 내게 맡기겠습니까?" 오기는 잠시 생각에 잠겼다가 대답하였다. "당신에게 맡기겠습니다."

여기에서 전문이 맹상군을 지칭한다면 오기보다 백 년 후의 사람인데 어찌 함께 등장할 수 있는지 의아스럽지만, 아무튼 오기는 전문의 말을 일단 수긍하였다. 하지만 전문이 죽은 후 위魏 무후가 또 친족인 공숙을 재상으로 임용하였고, 오기는 자신의 정치적 낙마落馬를 우려하여 위나라를 등지고 이번에는 남방의 초나라로 갔다.

오기는 자신이 꿈꾸어 오던 개혁을 새로운 나라에서 어떻게 펼쳤을까? 그는 초楚 도왕(재위: 기원전 401~381년)에게 국정 쇄신을 건의하였다.

> "대신大臣이 지나치게 강하고 봉군封君이 지나치게 많은데, 위로는 군주를 핍박하고 아래로는 백성을 착취하게 됩니다. 이는 나라를 가난하게 만들고 군대를 약하게 합니다.

봉군의 자손으로 3대 때가 되면 작록을 거두어들이고, 잡다한 관리의 녹봉을 없애며, 불필요한 관직을 덜어내서, 그 돈으로 군사들을 봉양하는 것이 좋습니다."

오기는 귀족의 세습적 특권을 박탈하고 법령과 관직을 재정비하였으며 많은 전투병을 양성하였다. 남쪽으로는 월나라를 평정하고, 북쪽으로는 진陳·채나라를 합병하였으며, 삼진을 물리치고, 서쪽으로는 진秦나라를 쳤다. 제후들은 초나라가 강성해지는 것을 두려워하였다.

그러나 초楚 도왕(선왕의 아버지)이 죽을 무렵 종실의 대신이 난을 일으켜 오기를 공격하였다. 오기는 업적이 탁월하지만 '행실이 각박하고 잔혹하며 인정이 적었으므로' 기원전 381년에 숙청되었다. 이로써 초나라는 국정 쇄신의 싹까지도 제거하고 말았다. 귀족들이 나라의 장래를 염려하기보다 자신의 이익을 앞세운 점이 참 아쉽게 여겨진다.

요컨대 위魏 문후와 무후는 인재를 기용할 때 상황에 맞추어 쓰되 인품과 재능을 두루 갖추기를 원하지 않았고, 그리하여 오기는 명장이었으나 끝내 '살처구장'의 굴레에서 벗어나지 못하였다. 어떤 사람을 기용할 때 당장은 그의 재능이 필요할지라도 멀리 내다보면 인덕仁德이 얼마나 중요한지 알 수 있다. 공자도 『논어』에서 '천리마가 훌륭하다는 것은 그 힘을 일컬음이 아니라 그 덕을 일컫는 것이다'라고 말하였다.

제나라의 즉묵대부

개혁의 바람은 제나라에서 더욱 거세었다. 유력한 대부였던 전화(전상의 증손자)가 강공을 몰아내고 혁신을 단행하면서 기원전 386년 전제田齊 태공이 되었다. 이후 제나라는 환공을 거쳐 위왕(재위: 기원전 356~320년)

에 이르러 처음 왕호를 썼다.

제齊 위왕은 초기에는 술과 음악을 즐기면서 국정을 돌보지 않았다. 어느 날 거문고를 잘 탄다는 추기가 왕을 찾아왔다. 왕이 연주를 요청하였으나, 추기는 거문고 줄에 손을 올려놓은 채 잠잠히 있었다. 위왕이 의아하게 여기니 추기가 말하였다.

> "신이 먼저 거문고의 원리에 대해 말씀드리고자 합니다. 거문고는 길이가 석 자 여섯 치 여섯 푼으로 이것은 일 년 366일을 의미합니다.
> 넓이는 여섯 치인데 이것은 천지 사방인 육합을 상징하며, 앞이 크고 둥글며 뒤가 좁고 모난 것은 하늘과 땅의 모양을 본뜬 것입니다. 줄이 다섯 개인 것은 오행을 뜻하는데, 긴 줄은 임금, 짧은 줄은 신하를 상징하여 각 줄이 화합하여야 훌륭한 음악이 나옵니다.
> 신의 생각으로는 정치도 이와 같습니다. 조정에 임금과 신하가 있으나 서로 화합하여 나라를 제대로 다스리지 못한다면 연주하지 않는 거문고와 무엇이 다르겠습니까?"

위왕은 추기의 간언을 받아들여 그날 이후 주색을 멀리하고 충신을 가까이하였다. 추기는 재상이 되어 어진 신하를 발탁하여 알맞은 자리에 배치하는 데 힘썼다.

어느 날 왕의 측근이 즉묵현의 대부를 나무라고 아현의 대부를 어질다고 칭찬하였다. 추기는 그들의 업적을 조사할 것을 건의하였고, 왕은 상벌을 내리기 전에 그들이 군주의 명령을 제대로 실행하고 있는지를 조사하게 하였다. 위왕은 먼저 즉묵대부를 불러 칭찬하였다.

> "경을 비판하는 사람이 많아 암행관을 보내 조사해보았소. 즉묵현은 들판이 깨끗이 정돈되어 있고, 백성은 즐겁게 농사를 짓고 있었다고 하오. 경은 사람의 시선을 의식하지 않고 백성을 다스리는 데 심혈을 기울인다는 것을 알았소. 인구 만 호의 고을을 추가로 맡길 터이니 분발하시오."

즉묵은 나중에 제나라가 제서전투(기원전 284년)의 완패 이후 재기하는 발판이 된 곳이다. 다음으로 왕은 아대부를 불러 꾸짖었다.

> "과인의 주변에서 경의 칭찬이 자자하여 암행관을 보내 알아보았소. 아현의 들판은 풀이 무성하고 백성은 살길을 찾아 흩어졌다 하오. 경은 백성을 다스리는데 성의가 없고 조정 신료의 환심을 얻는 데 급급하였음을 알았소."

왕은 아대부를 처형하면서 명령하였다. "앞으로 뇌물을 받고 과인을 속이는 자가 나오면 이처럼 처벌할 것이니 명심하시오." 이것은 술치術治의 한 사례이다. 제齊 위왕은 신하를 빈틈없이 관리하고 통제하여 군주의 권력을 안정되게 하였다. 제나라는 추기를 비롯하여 전기, 손빈 등을 기용하여 국력을 키우고 주변 제후국을 복속하였다.

손빈의 승전보

제나라의 군사 강국은 병법가 손빈이 일등 공신이다. 손빈(기원전 382~316년)은 손자의 후손인데, 방연과 함께 귀곡 선생 아래서 병법을 배웠다. 먼저 방연이 위魏 혜왕(무후의 아들)의 장군으로 등용되었다. 혜왕(재위: 기원전 370~334년)은 제나라(위왕)나 진나라(혜문왕)에 훨씬 앞서 칭왕하였던 군주이다. 그는 즉위하자 인근의 조나라나 한나라와 군사적 분쟁에 휩싸였는데, 탁택전투(기원전 369년)와 회북전투(기원전 362년)를 들 수 있다.

방연은 손빈을 시기하여 위나라로 유인한 후 죄를 덮어씌워 두 발을 자르고 얼굴에 글자를 새겨 숨어 살게 하였다. 스스로 실력을 갈고닦거나 높이는 대신에 이처럼 경쟁자를 끌어내리는 것이 방연 자신에게 얼마나 이득이 될까?

손빈은 구사일생으로 제나라(위왕)로 돌아와 전기 장군의 빈객이 되었다. 기원전 354년 조나라(산서성)가 위나라의 침공으로 수도 한단이 위태롭게 되자 제齊 위왕에게 구원을 요청하였다. 위왕은 전기를 장군으로 임명하고 손빈을 군사軍師 즉 작전 장교로 삼아 계책을 세웠다. 전기가 군사를 이끌고 조나라의 한단으로 가려 하자 손빈이 말렸다.

> "싸우는 양쪽을 말릴 때 사이에 끼어들면 안 됩니다. 상대방의 급소를 치고 빈틈을 쳐 형세를 불리하게 만들면 저절로 해결됩니다. 위魏와 조趙의 두 나라가 싸우고 있으니, 나라 안에는 노약자만 남아 있을 것입니다. 당신께서 위나라의 수도 대량을 치시면 그들은 조나라 공격을 멈추고 자기 나라를 구할 것입니다. 이러면 우리가 한 번 움직여 조나라를 구하고 위나라를 황폐하게 할 수 있습니다."

손빈의 예상대로 위나라군은 한단 공략을 멈추고 수백 킬로미터 남쪽의 수도 대량(기원전 361년 안읍에서 천도)으로 회군하기 시작하였고, 제나라군은 중간지점의 계릉에서 매복하고 있다가 위나라군을 격파하였다. 계릉전투는 제나라의 완승이었다. 이 전투는 '위나라를 포위하여 조나라를 구하다'[위위구조圍魏救趙]의 고사를 남겼다.

그로부터 10여 년 후 기원전 342년 이번에는 한韓나라가 위·조나라의 공격을 받자 제나라에 구원을 간청하였다. 이때도 대장 전기가 손빈의 작전에 따라 위나라 대량(허난성)을 치자 방연은 회군할 수밖에 없었다. 제나라군은 방연에 한발 앞서 위나라의 국경을 넘어 진격하고 있었다.

> 손빈이 전기 대장에게 일렀다. "싸움을 잘하는 사람은 그 형세를 이용하여 유리하게 이끌어 갑니다. 위나라 군사는 사납고 용감하여 제나라

군사를 겁쟁이라고 부릅니다. 우리 군대가 위나라 땅에 들어선 첫째 날에 아궁이 10만 개, 둘째 날에 5만 개, 셋째 날에는 3만 개를 만들게 하십시오."

위나라 방연이 행군하여 제나라 군대의 아궁이 숫자가 크게 줄어든 것을 보고 '우리 땅에 들어온 지 사흘 만에 달아난 병사가 절반을 넘는구나'라며 기뻐하였다.

위나라군은 손빈의 속임수에 말려들었다. 『손자병법』이 곳곳에서 강조하듯이 전쟁은 속이는 일이다. '군대는 속임으로써 서고, 이익으로써 움직인다.' 즉, 장수는 고을을 약탈하거나 땅을 점령하면 이익을 군사들에게 어떻게 나누어 줄 것인지를 계산하면서 움직인다.

위나라의 방연은 보병을 남겨 둔 채 정예 부대만 이끌고 이틀 걸리는 길을 하루 만에 바싹 추격해 왔다. 제나라의 손빈이 방연의 이동속도를 헤아려 보니 어둑해질 무렵 마릉에 이를 것 같았다. 이곳은 길이 좁고 양옆이 험한 산이어서 매복하기에 안성맞춤이었다.

손빈은 길옆 큰 나무의 껍질을 벗겨내고 흰 부분에 '방연은 이 나무 아래에서 죽게 될 것이다'라고 써놓았다. 그러고는 쇠뇌 1만 개를 준비시켜 길 양쪽에 매복시키고 저물 무렵 불이 켜지면 일제히 쏘게 명령하였다.

쇠뇌는 기계적인 힘으로 화살을 발사시키는데, 사거리 · 정확성 · 파괴력이 활보다 훨씬 강한 무기이다. 우리나라의 박물관(예를 들어 국립진주박물관)에서도 쇠뇌의 모형을 볼 수 있다.

방연은 날이 어두워서야 그 나무 밑에 이르렀다. 그가 나무 둥치의 글씨를 읽기 위해 불을 밝히는 순간 제나라군의 화살이 소나기처럼 쏟아졌다. 위나라군은 뿔뿔이 흩어졌고 방연은 싸움에서 진 것을 알고 목숨을 끊었다.

제나라의 대장 전기는 마릉에 진을 치고 위나라 수도를 위협하였고, 위나라(혜왕)는 제나라에 조공을 바치겠다면서 무릎을 꿇었다. 제齊 위왕은 박망성에서 위 · 조 · 한나라 군주와 회맹하고 삼진의 조회를 받았다.

진나라 상앙의 변법

전국시대 초기의 막바지에 개혁의 바람은 진秦나라에서 가장 거세었다. 그동안 진나라는 제 · 진晉 · 초나라에 밀려 중원을 넘보지 못하였고, 더구나 음진전투(기원전 389년)에서 황하 서쪽의 전략 지역까지 위魏 문후에게 빼앗기는 수모를 겪었다.

진秦 효공은 상앙을 등용하여 기존의 법을 통째로 바꾸는 전면적 개혁을 감행하였다. 봉건적인 옛 제도를 폐지하고 군주의 절대권력 확립에 필요한 혁신적 조치를 강구한 상앙의 업적은 〈사기 열전〉 '상군'(#8)에 상세하게 실려있다.

상앙은 위衛나라 군주의 아들로서 '위앙' 또는 '상군'으로도 불린다. 그는 처음에는 위魏나라의 공숙좌를 섬겼다.

> 위나라의 재상 공숙좌가 중병에 걸려 누웠을 때 위문 온 혜왕에게 상앙을 후임자로 추천하였다. 왕이 관심을 두지 않자 공숙좌는 '왕께서 상앙을 등용하지 않으시려거든 그를 죽여 다른 나라로 가지 못하게 하라'고 하였다.

위魏 혜왕은 공숙좌를 망령든 노인으로 여겨 신하들에게 투덜거렸다. "공숙좌의 노환이 깊어 슬프오. 과인에게 상앙의 말을 듣고 나라를 다스리라고 하니 얼마나 황당하였는지 모르오." 상앙의 말은 전혀 엉뚱한 것으로 여겨질 정도로 과격하고 급진적인 성향이었을 것이다.

상앙은 공숙좌가 죽은 뒤 진나라의 수도 옹성(산시성)으로 갔다. 두 차례나 진秦 효공(재위: 기원전 361~338년)에게 유세하였으나 그의 마음을 얻지 못하였다. 유세遊說란 나름의 정견이나 학설을 터득한 책사, 사상가, 학자가 여러 나라를 순회하며 군주를 설득하는 행위를 일컫는다.

마침내 상앙은 효공의 의중을 알아챈 후 기원전 359년 나라의 법을 깡그리 바꾸는 부국강병책을 제시함으로써 발탁되었다. 그의 변법變法은 농사와 전쟁에 집중하는 개혁이었다.

> 백성을 열 집 또는 다섯 집의 조로 묶어 서로 감시하도록 하고, 한 집이 죄를 지으면 그 조가 똑같이 벌을 받는다. 죄지은 것을 알리지 않는 사람은 허리를 자르는 벌로 다스리고, 알린 사람에게는 적의 머리를 벤 것과 같은 상을 주며, 죄를 숨기는 사람은 적에게 항복한 사람과 똑같은 벌을 준다.

연좌제의 시행은 변법이 전쟁을 위한 질서유지에 초점이 맞추어져 있음을 말해준다. 먼저 '농사는 천하의 큰 근본'[농자천하지대본農者天下之大本]을 내세웠다. 식구의 수에 따라 부세를 걷고 요역을 시킴으로써 빈둥거리며 노는 자를 없애고 빈 땅을 개간하게 하였다.

> 백성 가운데 한 집에 남자가 두 명 이상인데 세대가 분리되어 있지 않으면 부세를 두 배로 한다.

농민은 고달프게 농사지어도 얻는 것이 변변찮은데, 떠돌며 빈둥거리는 것처럼 보이는 상인이 큰 이익을 얻는다면 누가 농사짓겠는가? 부역과 부세를 상인에게는 무겁게 매기고, 뛰어난 농사꾼이나 수공업자에게는 면제하는 특혜를 주었다.

> 상공업에 종사하여 이익만을 추구하는 자와 게을러서 가난한 자는 모두 체포하여 관청의 노비로 삼는다. 본업에 힘써 밭을 갈고 길쌈을 하여 곡식이나 비단을 많이 바치는 사람에게는 부역과 부세를 면제한다.

툭하면 전쟁이 터지는 혼란기에 어찌 전투 공로를 강조하지 않을 수 있으랴! 병사는 싸움터에 나가 싸우는데도 얻는 것이 없는데, 사사로이 칼부림하는 협객을 높인다면 누가 싸움터에서 목숨을 걸겠는가?

> 군대에서 공을 세운 사람은 공의 크고 작음에 따라 벼슬을 올려주고 사사로이 싸움을 일삼는 자는 가볍고 무거움에 따라 크고 작은 형벌을 받는다. 군주의 친척이나 종족이라도 싸워 공을 세우지 못하면 심사를 거쳐 족보에 소속되지 않도록 한다. 군대에서 공을 세운 사람은 영예를 누리지만 공을 세우지 못한 사람은 부유해도 존경받을 수 없다.

그리하여 군공軍功이 있는 자는 작위를 올려주고, 사적으로 다투는 자는 형벌에 처하도록 하였다. 요컨대 상앙의 변법은 국가를 위해 재물을 생산하는 농민, 그리고 국가를 위해 목숨을 거는 병사를 보호하는 부국강병富國强兵의 개혁이었다.

변법은 감룡 · 두지 등 보수파의 반대를 불렀지만, 상앙은 진秦 효공의 전폭적 지지에 힘입어 혁신을 밀어붙였다. 시행 10년이 되자 산에는 도적이 없고, 집집이 풍족하였다. 백성은 공적인 전투에는 용감하고 사사로운 싸움을 두려워하였다. 변법은 진나라의 국력을 대폭 증진하였다.

국가든 기업이든 어떤 조직의 획기적 발전을 위해서는 개혁이 필요하다. 윤세주의 혁명운동은 상앙에게서 싹텄을 것으로 짐작되는데, 이에 대해서는 제6장 '개혁가 상앙'에서 좀 더 상세히 살피기로 한다. 우리나라 기업에도 개혁가가 여럿 있었다. 이건희 회장을 예로 들면, '모든 변화는 나로부터 시작한다', '마누라 자식 빼고 다 바꿔라'는 신경영을 외치면서 삼성그룹을 단숨에 세계적 기업으로 우뚝 세웠다.

진秦 효공은 부국강병의 기초를 다진 후 기원전 350년 수도를 동쪽의 함양(산시성)으로 옮겼다. 초나라와 화친하고 조 · 한 · 제나라와 동맹을 맺어, 당시에 강대국이었던 위나라를 동서 양쪽에서 협공하였다. 위나라가 마릉전투(기원전 342년)에서 제나라에 패한 틈새를 노려 상앙은 효공에게 진언하였다.

> "위나라가 제나라에 참패하자 제후들이 모반하였습니다. 이 틈에 우리가 위나라의 하수와 효산을 정벌한다면 동쪽의 제후들을 제압할 수 있습니다."

기원전 341년 진秦 효공은 상앙을 장군으로 삼아 위나라 서하로 진격하였고, 위魏 혜왕(문후의 손자)은 아들 앙卬을 장수로 내보내 맞섰다.

> 상앙은 앙에게 '우리 두 사람은 원래 가까운 사이였으므로 서로 만나 맹약을 맺은 후 병력을 거두어 두 나라를 평안하게 합시다'라는 편지를 보냈다. 그것은 순전히 속임수였다. 상앙은 맹약을 맺은 후 미리 숨겨놓았던 병사들로 하여금 공자 앙을 사로잡고 위나라 군대를 치게 하였다.

상앙은 서하를 점령하고 이전에 위나라에 빼앗겼던 땅을 모두 되찾았다. 그는 15읍을 하사받는 등 여느 제후보다 더한 호사를 누렸다.

좋은 일에는 탈이 끼어들기 쉽다더니[호사다마好事多魔], 진秦 혜문왕(효공의 아들)은 태자 시절에 상앙이 태부(태자의 스승)와 태사(왕의 스승)를 처벌한 것을 원망하여 그를 거열형에 처하였다. 팔다리와 머리를 말이나 소에 묶고 다른 방향으로 달리게 하여 신체를 찢어 죽이는 형벌이다. 과거 우리나라에서 죄인의 머리와 사지를 칼로 베는 '능지처참'陵遲處斬과 유사하다.

개혁가의 참혹한 말로를 우리는 어떻게 받아들여야 하나? 나라의 획기적 발전을 위해서는 개혁이 필요하지만, 그것은 기존 질서를 무너뜨리고 새로운 기틀을 짜는 일이어서 부작용이 없을 수 없다. 그래도 진나라는 천하 경영을 위하여 인재(출신지)를 널리 구하였다. 상앙(위魏) 이외에 장의(위魏), 감무(초楚), 위염(초楚), 범수(위魏), 여불위(위衛), 이사(초楚)로 이어진다.

2. 합종연횡

전국시대 중기에 이르자 전쟁은 넓은 지역에서 자주 일어났다. 진나라는 위나라를 공격하여 서하 지역을 빼앗고 재차 공략하는 등 동진東進의 북소리를 우렁차게 울렸다. 〈사기 열전〉 '소진'(#9)은 중국 대륙의 남북으로 흩어져 있는[종縱] 여섯 나라가 뭉침[합合]으로써 진나라에 맞서자는 합종책을 주창하였다. 이를테면 진나라에 땅을 떼어 바치는 '쇠꼬리'보다는 서로 합세하여 진나라에 맞서는 '닭부리'가 되라는 것이다.

기원전	전국시대 중기(기원전 341~281년)의 주요 사건(I)
341	진秦 효공이 위나라의 서하 700리를 탈환
323	상구전투에서 진秦이 한·위魏에 길을 빌려 제齊를 공략하나 참패
318	1차 함곡관전투에서 진秦 혜문왕이 합종군을 격파
317	관택전투에서 조·위魏의 연합군이 제나라에 패배
317	합종책의 소진이 사망
316	진秦 혜문왕이 장강 상류의 파촉巴蜀을 병합
312	단양남전전투에서 진秦 혜문왕이 초나라를 완파
309	연횡책의 장의가 사망
308	의양전투에서 진나라 감무가 한韓나라 격파

소진의 합종책

소진은 주나라의 수도 낙양(허난성) 출신이다. 귀곡 선생 아래서 장의와 더불어 합종연횡술을 배웠는데, 몇 해에 걸쳐 터득한 이론을 실제로 적용해 볼 양으로 귀곡鬼谷을 서둘러 떠났다. 선생은 그의 성급함을 안타까워하며 책을 한 권 주면서 여의치 못할 때 읽어보게 하였다.

먼저 소진은 자기 고향 낙양으로 갔다. 주周 현왕을 찾아가 유세하려 하였지만, 주위 사람이 믿어주지 않았다. 가족으로부터 여행 경비를 뜯어낸 후 서쪽으로 진나라 함양(산시성)에 갔다. 어렵사리 진秦 혜문왕을 만나 유세하였으나, 당시는 상앙(~기원전 338년)을 처형한 직후라 유세가를 등용하지 않았다.

소진이 귀향하였을 때는 빈털터리였다. 누구도 반겨주지 않았고, 집안 식구마저 비웃었다. "너는 농공상農工商의 생업을 버리고 입과 혀끝만을 놀리고 있으니 어찌 곤궁하지 않겠는가!"

> 소진은 실패를 두려워하지 않았다. 방에 틀어박혀 귀곡 선생으로부터 받은 책을 탐독하였다. 졸음을 쫓기 위해 송곳으로 허벅지를 찔러가며 1년 더 공부하였다.

'소진이 허벅지를 찌른다'[소진자고蘇秦刺股]는 분발하여 학문에 정진하는 것을 비유하는 말로 쓰인다. 그는 상대방 심리를 알아내어 설득하는 방법을 터득하자 조급하게 떠나려는 자기를 선생이 미더워하지 않았던 이유를 깨달았다.

그는 두 아우 소대와 소려를 꼬드겨 노잣돈을 얻어낸 후 다시 유세를 나섰다. 낙양에서 동쪽으로 조나라 숙후를 찾았으나 재상 봉양군(숙후의 동생)은 탐탁지 않은 반응을 보였다. 반복되는 실패로 좌절할 만도 하지만 그는 주눅 들지 않았다. '인생사가 그렇게 술술 풀릴 리는 없지!'

다음으로 소진은 북쪽의 연나라로 발길을 돌렸다. 그곳에서 1년이나 허송한 후 간신히 연燕 문후(재위: 기원전 361~333년)를 만날 수 있었다. 그는 연나라가 조나라와 합종하여 가까운 곳의 근심부터 해결하도록 깨우쳤다.

> "연나라는 평온한 나라입니다. 남쪽에 인접한 조나라가 외적 침입을 가려주기 때문입니다. 조나라는 1,000리 밖의 진나라와 싸워 3번 이기고 2번 졌습니다. 조나라 덕분에 연나라는 스스로 온전하게 지킬 수 있었습니다.
>
> 진나라는 연나라를 칠 수 없지만, 조나라는 며칠 만에 연나라의 수도 계薊를 함락할 수 있습니다. 따라서 연나라는 진나라에 연횡하지 말고 조나라와 합종해야 합니다."

연燕 문후는 소진의 계책에 공감하며 수레와 말과 금과 비단을 주어 조나라를 찾아가게 하였다. 도전하는 자의 첫 성공이었다. 다음으로 소진은 조나라를 또 들렀다. 이때는 봉양군이 죽은 후라 숙후(재위: 기원전 349~326년)에게 직접 유세할 수 있었다.

"한 · 위 · 제 · 초 · 연 · 조의 여섯 나라는 땅덩어리가 진나라보다 다섯 배나 크고, 병사는 진나라보다 열 배나 많습니다. 여섯 나라가 하나가 되어 힘을 합쳐 서쪽으로 진나라를 치면 진나라는 반드시 무너집니다."

소진은 진나라가 여섯 나라의 어느 한쪽을 치면 나머지 다섯이 어찌 대처하는지 조목조목 설명하였고, 조趙 숙후는 합종에 동의하여 수레 100대, 황금 1,000일(황금 1일은 20냥), 백옥 100쌍, 비단 1,000필을 주면서 맹약을 진전하게 하였다. 이로써 소진의 합종책은 순풍에 돛을 달았다.

한편 귀곡 선생 아래 함께 공부하였던 장의는 어떻게 되었을까? 소진이 떠난 몇 년 후 그도 위나라의 고향 집으로 돌아왔다. 위魏 혜왕(문후의 손자)을 만나려 하였으나 가난한 형편에 예물도 변변히 마련하지 못하여 뜻을 이룰 수 없었다.

장의는 가족을 데리고 남방의 초나라로 가서 재상 소양의 문객이 되었다. 소양은 위나라를 쳐서 8개 성을 빼앗은 공로로 왕으로부터 화씨벽을 하사받을 정도로 실력자였다. 그것은 화씨和氏가 발견하였다는 옥구슬[벽璧]인데, 그는 이 진귀한 보석을 애지중지하여 한시도 몸에서 떼어놓지 않았다.

어느 날 소양은 여럿이 어울려 놀러 갔는데, 장의도 동행하였다. 연못가 누각에서 술을 마시며 놀던 중 한 사람이 화씨벽을 보여달라고 졸랐다. 소양은 수레에서 보물 상자를 꺼내와서 조심스레 열어 보였다. 옥구슬의 찬란한 빛이 누각 아래 연못을 비추는 순간 큰 물고기 한 마리가 첨벙 뛰어올랐다.

신기한 광경에 넋을 잃고 한눈파는 사이에 화씨벽이 감쪽같이 사라졌다. 소양은 사람들의 몸을 뒤지고 주변을 샅샅이 들추었으나 허사였다. 다들 장의를 의심하였다. 소양은 그를 묶고 곤장을 100대나 쳤고, 장의는 그날 만신창이 되어 들것에 실려 집으로 돌아왔다.

> 부인의 지극한 간호로 깨어난 장의는 더듬거리며 말하였다. "여보! 내 혀, 혀는 괜찮소?" 부인이 멍하니 바라보니, 장의는 말을 이었다. "혀만 온전하면 걱정할 것 없소."

자기 능력에 대한 자신감과 불요불굴의 기개가 엿보이는 대목이다. 장의는 몸이 회복되자 위나라로 되돌아왔다. 내색은 하지 않았지만, 그는 얼마나 상심하였을까? 서민이 유세가로서 출세하기가 '하늘의 별 따기' 같음을 절감하였을 것이다.

다시 소진에게 되돌아가 합종의 진척 여부를 알아보자. 소진이 다른 나라로 유세가려는데 조趙 숙후가 다급하게 찾았다. "진나라의 공손연(서수)이 위나라를 공략하여 대장을 사로잡고 국경의 10여 성을 점령했다오. 곧 우리나라를 침공할 거란 소문이 들리는데 어쩌면 좋겠소?"

소진은 잠시 생각에 잠겼다가 말문을 열었다. "신이 진나라의 침공을 막을 특단의 대책을 마련하겠습니다." 이때 그는 장의를 머리에 떠올리고 있었다. '장의 정도의 실력자라면 진나라의 실권을 장악할 수 있을 거야!' 소진은 곧바로 심복을 불러 지시하였다. "자네는 위나라로 가서 장의를 이곳으로 데려오게. 내가 시켰다고 말해서는 안 되네."

소진의 심복은 장사꾼으로 위장하여 장의를 만났고, 이런저런 이야기 끝에 조나라의 승상 소진에 대해 슬쩍 말하였다. 승상은 신하의 최고 직위로서 재상에 해당한다.

> 장의가 깜짝 놀라면서 가까스로 입을 열었다. "그분은 귀곡 선생 아래 함께 공부한 친구입니다. 고생 끝에 출세하였군요." 장사꾼은 은근히 권

유하였다. "선생은 승상과 절친한 사이입니다. 왜 그에게 도움을 구하지 않습니까? 저는 곧 조나라로 되돌아가는데 함께 가시지요."

장의는 장사꾼을 따라 조나라로 갔다. 그러나 기대와 달리 소진을 만나기란 쉽지 않았다.

한참 뒤 어렵게 마주 보긴 했지만, 승상 소진은 쌀쌀맞게 굴었다. "재능 있는 자가 어찌 부끄러운 처지가 되었는가? 자네는 왕에게 추천해 줄 만한 인물이 못 되네."

이에 장의는 분통을 터뜨렸다. '도움은커녕 멀리서 찾아온 친구를 이다지도 모욕할 수 있을까? 어떻게 앙갚음한담? 그래 진나라 정도면 조나라를 곤경에 빠뜨릴 수 있을 거야.' 실패와 낙담을 겪고 이젠 더 잃을 게 없는 자의 오기傲氣였다. 소진은 심복을 다시 불러 장의가 진나라로 가는 길을 돕게 하였다.

"장의는 가난하여 등용되지 못했을 뿐 내가 넘볼 수 없는 현명한 인물이야. 내가 그를 푸대접한 것은 그가 작은 이익을 탐내지 않고 큰 뜻을 이루도록 북돋우기 위해서네. 자네가 나를 대신하여 은밀히 그를 도와주게."

소진은 본인의 목적을 달성하기 위해 친구를 이용하긴 했지만, 장의가 진나라에 등용되어 뜻을 펼칠 수 있기를 염원하였다. 전국시대 초기에 손빈을 시기한 방연과는 판이하다.

장의는 장사꾼을 따라 진나라의 수도 함양으로 갔고, 진秦 혜문왕(재위: 기원전 337~311년)을 만나 주변의 여섯 나라를 차례로 정복하는 계책을 거침없이 늘어놓았다. 왕은 장의를 객경(다른 나라 출신의 대신)으로 삼고 나랏일을 자문하였다.

장사꾼은 소임을 다하였으므로 작별 인사를 올렸다. 장의가 의아해 하며 "당신의 도움을 받아 빛을 보게 되었소. 이제 은혜를 갚고자 하는데 어찌 떠나려 하시오?"

> 장사꾼이 이 모두가 소진의 계책이었다고 실토하자, 장의가 말하였다. "이렇게 하여 내가 등용되었는데 어찌 조나라를 칠 계책을 꾸미겠소? 소진이 있는 한 내가 무엇을 말하며, 무엇을 할 수 있겠소?"

장의는 소진의 속뜻을 잘 이해하였고, 그의 우정을 배반할 수 없었다. 소진에게 이보다 확실한 안전장치가 어디 있겠는가! 소진은 용기백배하여 한나라로 발걸음을 옮겼다. 한韓 선혜왕(재위: 기원전 332~312년)에게 합종을 설명하였다.

> "왕께서 진나라를 섬긴다면 진나라는 해마다 땅을 떼어달라고 요구할 것이고 한나라는 싸워보지도 못하고 모두 빼앗길 것입니다. '닭부리가 될지언정 쇠꼬리가 되지 말라'는 속담이 있습니다. 왕께서 진나라를 섬긴다면 쇠꼬리가 되는 것과 무엇이 다르겠습니까?"

한나라도 합종을 택하였다. 이어서 그는 위나라로 가서 양왕(재위: 기원전 334~318년)을 만났다. 양왕이 신하의 말을 좇아 땅을 떼어 바치며 진나라를 섬기려 하자, 소진은 간신을 속히 내쳐야 한다고 일침 놓았다.

> "진나라를 섬기라고 말하는 자는 온통 간사한 신하입니다. 진나라에게 땅을 떼어주고 우의를 맺도록 요구하여 한때의 성공을 구할 뿐 결과를 돌아보지 않습니다. 나라를 무너뜨려 개인적인 이득을 취하고, 밖으로 강대한 진나라의 세력에 기대어서 자기 군주를 위협하여 토지를 나누어주도록 요구하고 있습니다. 초목은 작을 때 치지 않으면 무성해진 이후에는 도끼를 써야 합니다."

위나라도 합종에 가담하였다. 양왕은 황금과 비단을 내주며 합종 경비로 쓰게 하였다. '진나라가 더 커지기 전에 힘을 합쳐 제거해야 한다'는 소진의 책략이 연·위·조·한나라 같은 중소국에게 잘 먹혀들었다.

다음으로 소진은 한·위나라를 사이에 두고 진나라와 대치하고 있는 제齊 선왕을 찾았다. 합종에 가담한 한·위나라가 있는 한에는 진나라가 감히 제나라를 넘볼 수 없음을 강조하였다.

> "진나라는 제나라를 칠 수 없습니다. 제나라를 치려면 반드시 항보의 험준하고 좁은 길을 지나야 하는데, 이곳은 100명의 군사로 1,000명 이상의 적을 막을 수 있는 요충지입니다. 더구나 배후에 한·위나라가 건재하는 한 그 길을 통과하기란 매우 어렵지요. 이 점을 깊이 헤아려 보지 않고 성급히 진나라를 섬기는 것은 잘못된 생각입니다."

제齊 선왕(위왕의 아들)도 흔쾌히 합종에 동조하였다. 제나라처럼 큰 나라에는 '합종이 이루어지면 당신이 으뜸이 된다'고 추켜세운 덕분이었다. 마지막으로 소진은 남방의 강국인 초나라로 가서 위왕에게 유세하였다.

> "진나라는 호랑이 같은 나라로서 천하를 집어삼킬 야욕을 드러내고 있습니다. 진나라 중심의 연횡이 이루어지면 제후들은 땅을 떼어 바치며 진나라를 섬길 것입니다. 우리는 그런 우환이 닥치기 전에 대책을 세워야 합니다. 초나라는 진나라가 가장 두려워하는 나라이므로 초나라 중심의 합종이 성사된다면 제후들은 모두 초나라를 섬길 것입니다."

초楚 위왕도 진나라에 홀로 맞서 봐야 승산이 없으므로 합종에 찬성하였다. 〈사기 열전〉에 따르면 합종책을 받아들인 나라는 연(문후), 조(숙후), 한(선혜왕), 위(양왕), 제(선왕), 초(위왕)의 순서이다. 다섯째의 제齊

선왕(재위: 기원전 319~301년)이 여섯째의 초楚 위왕(재위: 기원전 339~ 329년)보다 나중의 사람이어서 혼란스럽긴 해도 그리 대수롭지 않을 것이다.

원수의 맹약

소진은 합종의 우두머리가 되어 여섯 나라의 재상을 겸하였고, 제후들은 조나라의 국경에 있는 원수洹水(허난성)에 모여 합종의 맹약을 맺었다.

> 우리 중 하나가 진나라의 침공을 받게 되면 나머지 다섯이 구원하고, 이 맹약을 배신하는 나라는 나머지 다섯이 함께 응징하여 길이 공존 공영할 것을 맹세한다.

'원수의 맹약'은 의열단의 '공약 10개조'를 연상시킨다. 의열단은 1919년 김원봉 · 곽재기 · 이성우 · 윤세주 등 10명이 중국 길림에서 창립한 항일무장투쟁 단체이다. 이들의 공약은 급진적 투쟁과 희생정신을 강조하고 있다.

> ① 천하의 정의로운 일을 맹렬히 실행하기로 함.
> ⋮
> ⑧ 죽음을 피하지 않고 단의 뜻을 이루도록 함.
> ⑨ 하나가 아홉을 위하여 아홉이 하나를 위하여 헌신함.
> ⑩ 단의 뜻에 배반한 자는 처살함.

합종은 나라 간의 맹약이고 의열단의 경우는 단원 간의 공약이라 서로 구별되지만, 여기에서 '정의로운 일'이란 합종국의 경우 진나라의 끊임없는 공략을 막는 것이고, 의열단에게는 일본제국을 몰아내고 조선의 독립과 자유를 회복하는 것이 다를 뿐이다.

과연 합종은 제대로 효력을 발휘할까? 당장은 늑대 같은 진나라를 섬기지 않아도 되지만, 다양한 이해관계에 얽혀 있는 여섯 나라가 지속적으로 힘을 모아 진나라에 대항할 수 있을까? 고대 그리스의 도시국가들은 합종을 어떻게 생각하였는지 〈이솝 우화〉 '늑대와 개의 전쟁'을 통하여 알아보자.

> 늑대와 개는 서로 적대적이었다. 개들은 그리스 개를 우두머리로 선출했다. 늑대의 위협이 고조되는데도 불구하고 그리스 개는 전쟁에 나서는 것을 미루었다.
>
> 그리스 개가 설명하였다. "늑대 진영은 한 종족이며 몸 색깔도 같다. 반면에 우리 쪽 병사는 관습도 다양하고 다들 자신의 출신지를 뽐내지. 게다가 몸의 색깔도 천차만별이다. 모든 점에서 서로 달라 조화가 되지 않는 자를 내가 어떻게 전쟁터로 이끌 수 있겠나?"

그리스의 도시국가들은 합종에 대해 부정적이었다. 마케도니아의 알렉산더 대왕은 그들의 합종을 깨트리고 기원전 340~300년 동안 그리스를 지배하였다. 고대 중국의 경우 제후국들의 합종이 어떤 시련을 겪는지 아래에서 살펴보자.

장의의 연횡책

진나라(혜문왕)는 여섯 나라와 개별적으로 동맹을 맺고 화친하는 연횡책을 들고나왔다. 장의는 진나라와 나란히[횡橫] 손잡는 친교[연連]야말로 그들 나라의 생존에 도움 된다고 역설하였다. 동분서주하는 그의 활약은 〈사기 열전〉 '장의'(#10)에 적나라하게 기록되어 있다.

장의(~기원전 309년)는 각개격파의 방법을 썼다. 개개 나라에게 빼앗은 땅을 돌려주어 환심을 사고, 공자公子를 볼모로 보내거나 공주를 시집 보내 인척 관계를 맺는 등 횡적 연대를 구축함으로써 합종의 유효성을 떨어뜨렸다.

합종의 균열은 진나라와 국경분쟁을 곧잘 일으켜 온 위나라에서 싹텄다. 진秦 혜문왕은 기원전 328년 위나라 포양을 포위하여 항복시킨 적이 있는데, 장의는 그때 빼앗은 땅을 돌려주고 공자 요를 볼모로 보내 위나라와 친선을 도모하였다.

그런 다음 장의는 위魏 양왕에게 강권하였다. "진나라 왕이 위나라를 예우하고 있으니, 답례가 없으면 안 됩니다." 이런 걸 우리는 '엎드려 절받기'라 한다. 위나라는 '울며 겨자 먹기'로 땅을 떼어 진나라에 바쳤다. 이를 계기로 진秦 혜문왕은 장의를 진나라의 재상으로 삼았다. 몇 년 뒤 장의는 재상직을 내려놓고 다시 위나라로 갔다. 위魏 양왕이 장의에게 등을 돌리자 진秦 혜문왕은 분노하여 위나라의 곡옥과 평주를 빼앗았다.

진나라는 상구전투(기원전 323년) 이래 15년 만에 중원을 넘보기 시작하였다. 초 · 조 · 위 · 한 · 연나라의 합종군이 곧바로 반격해 왔으나, 진秦 혜문왕은 저리자(혜문왕의 동생)에게 군사를 맡겨 격퇴하였다. 이른바 1차 함곡관전투(기원전 318년)이다. 이때 제나라는 '원수의 맹약'을 잊었는지 합종군에 가담하지 않았다. 소진이 제나라의 배신을 어떻게 응징하는지 두고 보자.

이듬해 제나라가 위나라를 공략하자[관택전투] 진나라도 한나라를 깨뜨린 데 이어서 위나라를 넘보았다. 위魏 양왕을 뒤이은 애왕이 진나라를 섬기려 하지 않았기 때문이다. 위나라는 워낙 조변석개朝变夕改하므로 누구라도 그 변덕을 다루기 쉽지 않았을 것이다. 장의는 위魏 애왕을 회유하였다.

"위나라 땅은 평탄하여 초 · 한 · 조 · 제나라의 제후들이 사방에서 마음대로 쳐들어올 수 있습니다. 설령 위나라가 다른 제후들과 합종하더라도 진나라가 그 길을 끊는다면 위태롭게 됩니다. 진나라가 한나라를 꺾고 위나라를 친다면 위나라는 단숨에 멸망할 것입니다. 따라서 진나라를 섬기는 것이 가장 좋은 계책입니다."

이에 위魏 애왕은 합종의 약속을 저버리고 진나라에 화친을 요청하였다. 장의는 귀국하여 재상 자리를 되찾았다.

이윽고 합종의 무너짐은 진나라가 제 · 위나라와 함께 조나라를 공략하면서 본격화되었다. 조趙 숙후는 제나라가 합종을 깨고 공격해 온 데에 대해 소진을 꾸짖었다. 소진은 연나라가 제나라를 응징하도록 독려하겠다고 숙후를 다독거렸다.

막상 소진이 연나라에 사신으로 와보니 이곳 분위기도 심상찮았다. 진秦 혜문왕은 일찍이 딸을 연나라의 태자에게 시집보냈는데, 그해 문후가 죽고 태자가 왕위를 이었으니 연燕 역왕이다. 그런데 제나라가 국상 중의 연나라를 공격하여 10개 성을 빼앗자 역왕도 소진을 성토하는 게 아닌가!

소진은 황급히 제齊 선왕을 찾아가 타일렀다. "연나라의 왕후는 진秦 혜문왕의 딸인데, 제나라가 사위국을 쳤으니 진나라의 원수가 되었습니다. 보복을 피하려면 빼앗은 성을 돌려주어야 합니다." 제나라는 독풀[독초毒草]을 삼킨 형국이므로 마지못해 연나라에 10개 성을 되돌려주었다.

그런데 연燕 역왕은 합종책을 헐뜯는 자의 말을 듣고 소진에게 이전의 벼슬을 주지 않았다. 소진은 자기가 '매 맞는 첩'처럼 연나라에 충성하였기에 죄지은 데 불과하다고 하였다.

"어떤 사람이 관리가 되어 멀리 떠났는데, 아내가 다른 남자와 정을 통하였다고 합니다. 남편이 돌아오자, 아내는 첩에게 독이 든 술을 남편에게 권하게 하였습니다. 첩은 독이 든 술을 고자질하면 주모가 내쫓길까 두려웠으므로 일부러 넘어져 술을 엎질렀습니다. 주인은 그녀의 부주의를 나무라서 채찍을 50대나 쳤습니다. 첩은 매를 맞기는 했지만, 주인도 살리고 주모도 구해줄 수 있었습니다."

그제야 연燕 역왕은 소진에게 예전의 벼슬을 주었다. 첩은 어디에 하소연하지도 못하고 모진 매질에 끙끙댈 수밖에 없었겠지만, 소진은 '원수의 맹약'을 깬 제나라를 어떻게든 응징할 방안을 모색하였다.

소진은 연燕 역왕과 음모하여 제나라를 친 후 그 땅을 나누어 갖기로 하였고, 연나라에서 죄를 지은 것처럼 꾸며 제나라에 망명하였다. 그런데 2년 뒤인 기원전 317년 음모가 들통나는 바람에 제齊 선왕은 발끈하여 소진을 저잣거리에서 거열형車裂刑에 처하였다.

제나라는 연나라를 원망하였고 연나라는 두려움에 떨었다. 연燕 역왕을 뒤이은 쾌왕이 소진의 두 동생 소대와 소려를 기용하자 소대는 '제나라 멸망의 계책'을 펼쳐 놓았다.

"교만한 군주는 이익을 좋아하고, 멸망하는 나라의 신하는 재물을 탐낸다고 합니다. 왕께서 진실로 아끼는 아들과 어머니와 동생을 제나라에 인질로 보내고, 진주와 보옥과 비단으로 제나라 왕의 좌우 신하를 섬기는 것을 부끄럽게 여기지 않는다면, 제나라는 연나라를 덕이 있다고 여겨 안심하고 송나라를 멸망시키는데 국력을 소진할 것입니다. 그러면 연나라는 초 · 진 · 한 · 위나라와 함께 제나라를 멸망시킬 수 있습니다."

연燕 쾌왕은 아들을 제나라에 인질로 보내면서 소려에 이어 소대를 파견하였다. 그런데 쾌왕이 재위 3년에 재상 자지를 총애하여 그에게 왕위를 넘기자, 태자 평이 가만히 있었겠는가? 그가 거병하여 내전을 일으키자 제齊 민왕(재위: 기원전 300~284년)은 태자를 돕는다는 핑계로 연나라를 침공하여 쾌왕을 죽였다. 태자마저 전사하자 동생을 연燕 소왕으로 세웠는데 거기에는 연나라가 제나라의 속국이라는 치욕적 조건이 붙어 있었다.

소진은 죽었지만, 그의 합종책은 연이어 터지는 사건의 급류를 타고 엎치락뒤치락하며 제나라의 응징으로 흘러갔다. 나중에 연나라는 합종군과 더불어 제나라를 정벌하는데, 이것은 아래의 '최강자로 가는 갈림길'에서 따로 다룬다.

장의의 다음 표적은 초나라였다. 그가 누명을 쓰고 초나라의 재상 소양에게 얻어맞아 초주검을 당한 기억을 어찌 한시라도 잊었겠는가? 진나라(혜문왕)는 기원전 316년 장강長江 상류의 파촉(쓰촨성)을 정벌하여 거대한 곡창지대를 얻었고 하류 쪽의 초나라 공략에도 유리한 위치를 선점하였다.

그런 다음 장의는 초楚 회왕(위왕의 아들)에게 가서 '제나라와의 합종을 깬다면 진나라는 초나라에 600리 땅을 바치고 형제의 나라가 되겠다'고 꾀였다. 회왕이 신하들에게 의견을 묻자, 삼려대부 굴원이 진나라를 경계하여 말하였다. 삼려대부는 세 성씨(소 · 굴 · 경)의 유력 귀족을 관장하는 벼슬이다.

> "진나라는 호랑이나 이리 같은 족속이므로 믿어서는 안 됩니다. 속셈은 우리 초나라를 집어삼키는 게 틀림없습니다. 간언이설에 흔들리지 마시고 군대를 정돈하여 침공에 대비해야 합니다."

회왕은 굴원의 충언을 귀담아듣지 않았다. 진나라의 창칼 위협을 모면할 수 있는 데다가 600리 땅을 덤으로 얻는 금상첨화를 못 본 척할 수 없었기 때문이다.

초楚 회왕이 장의의 속임수에 넘어가 제나라와의 동맹을 일방적으로 파기하자, 제齊 선왕(재위: 기원전 319~301년)은 펄쩍 뛰면서 초나라와 약속할 때 나눠 가진 부절을 꺾어 버리고 진나라에 화친을 요청하였다.

진秦 혜문왕은 기다렸다는 듯이 제나라와 함께 초나라를 공격하여 단숨에 단양과 한중 땅을 빼앗았다. 초楚 회왕은 발끈하여 더 많은 군사를 내어 진나라를 공격하였으나 단양남전전투(기원전 312년)에서 완패하면서 한중에서 상용에 이르는 넓은 땅마저 잃었다. 장의는 소진(~기원전 317년)의 음모와 죽음을 들먹이며 또다시 회왕을 회유하였다.

> "소진은 제후들의 합종을 주장한 장본인입니다. 그런데도 그는 연나라의 재상이 되자 남몰래 왕과 짜고 제나라를 친 뒤에 땅을 나누어 가지려 했습니다.
>
> 소진은 연나라에서 죄지은 것처럼 꾸며 제나라로 달아났는데, 나중에 음모가 드러나자 제나라 왕은 소진을 처형하였습니다. 한낱 사기꾼인 소진이 천하를 다스려 제후들을 하나가 되게 할 수 없다는 것은 분명합니다.
>
> 진나라와 초나라가 서로 싸우면 두 마리 호랑이가 서로 싸우는 격이 되고, 결국 두 나라가 모두 타격을 입고 이것은 한나라와 위나라를 이롭게 할 뿐입니다. 진나라와 초나라가 서로의 태자를 볼모로 교환하여 형제의 나라가 되어 서로를 정벌하는 일이 없도록 합시다."

이쯤에서 초楚 회왕도 분을 삭일 수밖에 없었다. 춘추시대 중기에 초楚·진晉의 두 강국이 언릉전투에서 승자 없이 모두 치명상을 입었듯이 진秦나라와의 상쟁은 제삼자에게 어부지리를 줄 뿐이었기 때문이다.

초楚·제齊 두 강국의 이간책은 소진의 합종책을 되돌릴 수 없게 와해하였으며, 차후 진秦나라의 천하 통일에 결정적 요인이 되었다. 이처럼 각개격파하는 연횡책은 〈이솝 우화〉에서 사자가 황소의 무리를 이간시켜 따로 놀게 한 뒤 한 마리씩 잡아먹는다는 '황소 세 마리와 사자'와 흡사하다.

이런 식으로 장의는 각 나라와 개별적으로 동맹을 맺어 합종을 하나씩 깨뜨렸다. 한나라 왕에게 가서는 '진나라는 초나라의 약화를 우선시하므로 한나라가 진나라를 섬겨 화친한다면 함께 초나라를 쳐서 땅을 나누어 가질 수 있다'고 꾀었다.

제나라에게도 마찬가지였다. '진나라와 초나라는 이미 형제의 나라가 되었고, 위 · 조 · 한의 세 나라도 진나라를 섬긴다'는 장의의 말을 거스를 수 없었다. 울타리 역할을 해오던 삼진三晉이 진나라에 기울었으므로 제나라가 위태로워진 탓이다. 연나라마저도 소진의 합종책을 버리고 지난날의 잘못을 사과하였다.

연횡책은 완성 단계에 이르렀고, 장의는 기쁜 소식을 알리려 진나라로 되돌아갔다. 그때 진秦 혜문왕이 죽고 아들 무왕(재위: 기원전 311~307년)이 왕위에 올랐다. 왕은 어릴 적부터 장의를 싫어하였는데, 신하들이 눈치채고 그를 비방하였다. 이 소문을 듣고 여섯 나라는 연횡책을 버리고 합종책으로 돌아섰다. 그러자 장의는 무왕에게 중원 진출의 계책을 건의하였다.

> "제나라 왕이 신을 미워하므로 신이 있는 곳이면 어디든 군사를 이끌고 와서 칠 것입니다. 신이 위나라로 가면 제나라는 위나라를 칠 것이고, 두 나라가 맞붙어 싸우는 동안에 왕께서는 한나라를 치고 주나라로 다가가면 반드시 구정九鼎을 내놓을 것입니다. 천자를 끼고 천하의 토지와 호적을 두루 살펴서 제후를 호령하는 것이 바로 왕의 사업입니다."

그 후 장의는 자신의 고국 위나라의 재상으로 1년간 있다가 기원전 309년에 사망하였다.

감무와 의양전투

장의가 죽은 뒤 중원中原 진출의 계책은 어찌 되었을까? 〈사기 열전〉 '저리자감무'(#11)는 진나라의 통일 전쟁에서 저리자 · 감무 · 감라가 세운 공로를 적고 있다. 진秦 무왕(혜문왕의 아들)이 재위 3년(기원전 308년)에 중원으로 나아갈 뜻을 비치자, 좌승상 감무와 우승상 저리자는 엇갈린 의견을 내놓았다.

저리자(혜문왕의 동생)는 중원 진출의 교두보 확보를 위한 의양(허난성) 공략을 반대하였다. "한나라 의양은 멀고도 험한 지역이므로 막대한 군사와 재물이 동원되어야 하고, 만약 위나라와 조나라가 구원군을 보낸다면 성공하기 어렵습니다."

반면에 감무(초나라 출신)는 위나라와 동맹을 맺으면 한나라 의양을 빼앗을 수 있다고 주장하였다. 그는 장의가 발탁한 인물로서 촉蜀의 반란을 평정한 후 단양남전전투에서 초나라군을 격멸한 바 있다.

무왕은 감무를 더 신뢰하여 위나라에 특사로 보내었다. 그는 상수와 함께 위나라에 가서 위魏 애왕과 동맹을 맺는 데 성공하였다. 위나라는 '가도멸괵'의 위험(제5장 '명의 편작' 참조)을 감수하고 진나라에 원정길을 터 주었다.

그런데도 감무는 상수를 먼저 돌려보내면서 난데없이 '왕께서는 한나라를 치지 마십시오'라고 보고하는 게 아닌가? 무왕은 이유가 궁금한 나머지 감무를 맞으러 일부러 식양으로 행차하였다. 감무는 왕에게 '효자 증삼의 어머니'를 들려주었다. 증삼(증자)은 공자의 제자로서 『효경』孝經의 저자이다.

> "노나라 사람 가운데 효자 증삼과 성명이 꼭 같은 자가 살인을 저질렀

습니다. 어떤 사람이 증삼의 어머니에게 '증삼이 사람을 죽였습니다'라고 말했지만, 어머니는 조금도 흔들림 없이 베를 짰습니다.

얼마 뒤 또 한 사람이 와서 '증삼이 사람을 죽였습니다'라고 하여도 어머니는 태연하게 베를 짰습니다. 그러나 조금 뒤 또 한 사람이 와서 '증삼이 사람을 죽였습니다'라고 말하니, 어머니는 베틀에서 내려와 담을 넘어 달아났다고 합니다. 어머니는 아들을 믿고 있었지만 세 사람이나 아들을 의심하자 겁먹었던 것입니다.

지금 신은 증삼처럼 어질지도 못하고, 왕께서 신을 믿는 마음도 증삼 어머니만큼 굳지 못한데, 신을 의심하는 자의 말을 듣고 왕께서 신을 내치지 않을까 염려됩니다."

감무는 자기가 의양을 공략하는 동안 왕이 어떤 참소에도 흔들리지 않겠다는 '식양의 맹세'를 받아내었다. 실제로 한나라 의양은 다섯 달이 걸려도 함락되지 않았다. 땅이 넓고 비축 식량이 충분하며 지키는 군사도 10만 명에 이르렀기 때문이다.

의양전투(기원전 308년)가 시간을 끌수록 진나라의 전쟁 경비는 증가하였고 따라서 경비를 조달하는 귀족의 불만도 층층이 쌓일 수밖에 없었다. 저리자를 비롯한 신하들이 비난을 퍼부었으나, 무왕은 '식양의 맹세'를 떠올리며 감무에게 더 많은 군사를 보내 사기를 북돋웠다.

마침내 감무가 의양을 함락하자 한韓 양왕은 진나라와 화친을 맺었다. 다음 해 진秦 무왕은 의양을 경유하여 낙양에 들어갔고 소원대로 천하의 통치권을 상징하는 아홉 솥 즉 구정을 둘러보았다. 이로써 진나라는 황하 건너 무수를 빼앗고 중원 진출의 발판을 확보할 수 있었다.

합종가와 연횡가의 팽팽한 대결은 소진과 장의가 모두 죽은 이후에도 계속되었다. 마치 『한비자』에 나오는 '창[모矛]과 방패[순盾]를 파는 상인'과 같았다.

> 초나라 사람 중에 방패와 창을 파는 자가 있었다. 그가 방패를 칭찬하여 말하였다. "내 방패는 견고하여 어떤 물건으로도 뚫을 수 없다." 그러고는 창을 칭찬하였다. "내 창은 날카로워서 어떤 물건도 뚫을 수 있다." 구경꾼이 물었다. "당신의 창으로 당신의 방패를 찌르면 어떻게 되는가?"

상인은 대답하지 못하였다. 한세상에서 무적無敵의 창과 불패不敗의 방패는 양립할 수 없기 때문이다. '창'을 든 연횡가는 모든 방패를 뚫는다고 여기고, '방패'를 든 합종가는 모든 창을 막는다고 믿었지만, 승패는 오래지 않아 판가름 난다.

3. 최강자로 가는 갈림길

합종연횡의 소용돌이 속에서 제齊·진秦나라를 중심으로 전쟁이 꼬리를 물고 이어지면서 전국시대 중기의 막바지에 최강자의 윤곽이 드러나기 시작하였다. 제나라는 송나라를 멸망시키는 등 팽창정책을 추진하였으나, 연나라의 반격으로 제서전투에서 멸망 직전까지 내몰렸다가 즉묵전투에서 승기를 잡으면서 간신히 연명하였다. 진나라의 경우 백기 장군은 이궐전투에서 한·위나라 연합군을 참살하였으나, 인상여와 염파가 완강히 버티고 있는 조나라를 아직 넘보지 못하였다.

송나라 멸망

제·진晉·초나라 사이에 끼어 좀처럼 돋보이지 않았던 나라 중에 송나라가 있다. 일찍이 진晉·초楚 간 성복전투(기원전 632년)의 배경이었

기원전	전국시대 중기(기원전 341~281년)의 주요 사건 (II)
301	수사전투에서 제나라가 위 · 한나라와 연합하여 초나라를 격파
298~296	2차 함곡관전투에서 진秦 소양왕이 합종군에 패배
293	이궐전투에서 진秦 소양왕이 한韓 · 위魏나라 연합군을 격퇴
286	제齊 민왕이 연합군을 이끌고 송나라를 멸망
284	제서전투에서 연燕 소왕이 제나라를 초토화
284~279	즉묵전투에서 제나라 전단이 연나라를 격퇴
283	인상여가 화씨벽을 조나라로 온전히 가져옴[완벽귀조]
279	민지 회맹에서 진秦 · 조趙나라가 불가침 조약을 맺음

고, 반전주의자 묵자墨子와 노자 사상의 계승자인 장자莊子를 배출한 나라이기도 하다.

전국시대가 무르익은 기원전 328년 송나라는 언偃이 형을 죽이고 권좌를 차지한 후 국력을 키워 다른 나라와 겨루기 시작하였다. 제나라의 5성을 빼앗고, 초나라의 300여 리 땅을 강탈하며, 위나라의 2성을 탈취하고, 등나라를 집어삼켰다. 언은 진나라와 우호조약을 맺은 후 스스로 강왕(재위: 기원전 328~286년)이라 하였다.

땅을 빼앗긴 제 · 초 · 위나라는 반격을 모의하였다. 제齊 민왕이 앞장서서, 소대(소진의 아우)를 초 · 위나라에 보내 '힘을 합쳐 송나라를 멸망시키고 그 땅을 나누어 갖자'고 꼬드겼다. 이것은 합종가 소진이 일찍부터 품어온 제나라 응징의 서막이다. 제나라가 송나라 침탈에 힘이 떨어지기를 기다렸다가 연나라가 다른 나라와 합세하여 제나라를 멸망시킨다는 것이었다.

제 · 초 · 위나라의 연합군은 기원전 286년 송나라의 수도 수양을 공격하였다. 송宋 강왕은 성문을 굳게 닫고 지키면서 진나라에 구원을 요청하였다. 제齊 민왕은 진秦 소양왕에게 소대를 보내 구원병 파견을 포기하게 요청하였다. 그런 다음 제나라군은 강왕의 군대를 성 밖으로 유인하여 혈전을 벌였고, 그 틈에 초 · 위나라 군대가 수양성을 함락하였다.

송나라는 기원전 286년에 멸망하였다. 제나라군은 강왕의 목을 베어 수도의 수양성에 입성한 민왕에게 바쳤고, 제 · 초 · 위나라는 약속대로 셋으로 나눈 땅의 지도를 가지고 헤어졌다.

하지만 제齊 민왕은 어쩐지 손해 본 듯한 기분에 휩싸였다. 제나라는 이번 전쟁에서 가장 큰 공을 세웠으며 군사의 희생도 가장 컸다. 반면에 초나라나 위나라는 후방을 지키다가 비어 있는 성을 점령하는 데 그쳤는데, 땅을 똑같이 나누어 가지다니 아무리 생각해도 억울하였다.

민왕은 군사를 되돌려 초나라군과 위나라군을 쳐서 나누어준 땅의 지도를 도로 빼앗았다. 송나라는 고스란히 제나라의 독차지가 되었다. 이런 식으로 강자가 약자를 다스리는 방식은 〈이솝 우화〉 '사자와 들나귀', '사자와 당나귀와 여우' 등에서도 엿볼 수 있다.

이 일로 제나라는 주변국의 미움을 샀고 재상 맹상군마저 비난하자 제齊 민왕은 홧김에 그를 파면시켜 버렸다. 더욱이 민왕은 남으로 초나라를 치고, 서쪽으로 삼진을 꺾은 후 진秦나라를 공격하거나 조나라를 도와 중산국을 멸망시키는 등 영토를 1,000여 리나 넓혔다. 이에 반발하여 이웃 나라는 제나라의 기세를 꺾으려고 기회를 노렸는데, 연燕 소왕이 어떻게 제나라 공략을 주도하는지 다음에서 알아보자.

연나라 악의와 제서전투

연燕 소왕(재위: 기원전 311~279년)은 제나라의 속국이 된 치욕에서 벗어나기 위하여 28년 동안 묵묵히 국력을 키웠다. 그는 널리 인재를 모았는데, 악의(위魏 출신), 극신(조趙), 추연(제齊) 등이다. 〈사기 열전〉 '악의'(#20)는 악의가 연燕 소왕을 도와 제나라를 멸망 직전으로 몰고 간 과정과 자신을 파면한 혜왕(소왕의 아들)에게 보낸 편지 '보연왕서'를 싣고 있다.

악의는 전국시대 초기 위魏 문후를 도와 중산국을 정복한 악양의 손자이다. 그는 위나라가 중용하지 않아 조나라에서 벼슬하다가 연나라에 등용되었다. 연燕 소왕이 제나라에 보복하는 방안을 묻자 악의는 이웃 나라와의 연합을 제안하였다.

연燕 소왕은 오랫동안 와신상담하였을지라도 제나라를 혼자서는 감당할 수 없었다. 때마침 위·조·한나라도 제齊 민왕을 혐오하였으므로 그들과 함께 제나라를 치기로 하였다.

> 기원전 284년 악의는 연나라군과 위·조·한의 연합군을 이끌고 제나라를 공격하였다. 연나라군은 제수濟水 서쪽에서 제나라 군대와 대적하였고, 연합군은 배후를 공격하였다. 제齊 민왕은 처음에는 연나라를 얕잡아 보았다가 앞뒤에서 협공받자 대패하였고 허겁지겁 수도 임치로 퇴각하였다.

연합군은 제나라군을 격파하고 돌아갔지만, 악의는 연나라군을 이끌고 임치를 비롯하여 70여 개의 성을 함락하였다. 제서濟西 전투(기원전 284년)는 연나라와 위·조·한나라의 연합군이 제나라를 망국 직전까지 몰고 간 싸움이었다. 춘추시대의 월越 구천이 숙적의 오나라를 멸망시키고 천하를 제패한 것에 버금가는 사건이라고 할 수 있다. 제나라는 민왕이 도피 중에 죽자 양왕을 세워 거성과 즉묵성에서 완강히 버텼다.

재기한 제나라

절명 위기의 제나라는 어떻게 되살아났을까? 〈사기 열전〉 '전단'(#22)은 전단이 즉묵전투(기원전 284~279년)에서 연나라군을 물리치고 제나라를 다시 일으키는 과정을 기록하였다.

전단은 수도 임치의 시장을 감독하는 하급 관리였다. 수도가 연나라군에 점령되자 그는 안평으로 피신하였다. 다시 즉묵으로 피란할 때 그가 얼마나 용의주도하였는지 보자.

> 집안사람에게 자신의 수레바퀴 축의 끝을 잘라내고 그 위에 쇠를 덧씌우게 하였다. 안평마저 함락되자 사람들은 좁은 길에서 다투어 달아나다 바퀴 축의 양 끝이 망가져 수레가 부서지는 바람에 사로잡히곤 하였다. 전단 집안은 수레가 온전하여 동쪽의 즉묵으로 무난히 대피하였다.

또한 전단은 군사 능력이 출중하였다. 그는 즉묵에서 피란민을 끌어모아 군대를 편성하고 적군의 공격을 막았다. '즉묵'은 제2장 '제나라의 즉묵대부'에서 제齊 위왕의 칭송을 받은 지역이다. 즉묵 태수가 병들어 죽자 사람들은 전단을 추대하였고, 거성에 피란해 있던 제齊 양왕은 그를 태수로 임명하였다.

다른 한편 연나라의 상황은 어떠하였을까? 소왕이 죽고 아들 혜왕이 들어섰는데 혜왕은 평소 악의를 못마땅해하였다. 전단은 이를 알아채고 연나라에 첩자를 보내 헛소문을 퍼뜨렸다.

> "악의는 제나라의 남은 두 성을 친다는 명분을 내세우고 있지만, 실제로는 전쟁을 질질 끌어 스스로 제나라의 왕이 되려고 한다. 하지만 제나라 사람들이 그를 따르지 않으므로 악의는 즉묵의 공격을 늦추고 때를 기다리고 있다. 제나라 사람들은 다른 장군이 와서 즉묵을 쑥대밭으로 만들지 않을까 두려워하고 있다."

연燕 혜왕은 제나라의 반간계反間計에 넘어가 악의를 파면시키고 대신에 기겁을 장군으로 보내었다. '반간계'는 적의 간첩에게 거짓 정보를 흘려 적을 교란하는 첩보전을 일컫는다. 『손자병법』에 따르면 '군주와 장군이 친밀하면 그 나라는 강해지고, 관계가 소원하면 약해진다'고 하였는데, 연燕 혜왕은 악의 장군을 끝까지 밀어주어야 하지 않았을까? 내쫓긴 악의는 조趙 혜문왕에게 의탁하였다.

그런 다음 전단은 즉묵 사람들에게 싸움의 의욕을 불붙였다. '연나라군이 포로의 코를 베고 그들을 앞세워 우리와 싸우게 할까 봐 두렵다'는 소문을 퍼뜨렸다. 연나라군이 이 말을 듣고 그대로 하자, 사람들은 코 베인 제나라 포로를 보는 순간 분을 삭이지 못해 몸을 부르르 떨었다.

또 전단은 즉묵 사람들이 밥 먹을 때마다 조상에게 제사를 올려 후손을 지켜주도록 빌게 하였고, '연나라군이 성 밖에 있는 무덤을 파헤쳐 우리 조상을 욕보일까 두렵다'고 소문내었다. 연나라군이 소문을 따라 무덤을 파헤쳐 시체를 불살랐으니, 사람들은 이 광경을 멀리서 지켜보고는 모두가 죽음을 무릅쓰고 싸우기를 원하였다. 죽어도 같이 죽고 살아도 같이 살자며 전쟁을 조금도 두려워하지 않게 되었다.

전단은 이제 병사들이 싸울 만하게 되었음을 알고 그들을 잘 먹인 후 숨어 있게 하였다. 노약자와 부녀자를 성벽 위에 올려보낸 후, 사신을 보내 연나라에 항복한다고 알렸다. 연나라군은 만세를 불렀고, 전단은 최후의 결전을 준비하였다.

전단은 성안에서 소 1,000여 마리를 모아, 쇠뿔에 칼날을 붙들어 매고, 꼬리에는 갈대를 매달아 기름에 적셨다. 밤을 틈타 성벽에 수십 개의 구멍을 낸 후 꼬리에 불붙인 소를 내보내고 5,000명 장사가 뒤따랐다.

소는 꼬리가 뜨거워지자 미친 듯이 연나라 진영으로 뛰어들었고 연나라 군은 한밤중에 큰 혼란에 휩싸였다. 그들은 소뿔에 받혀 죽거나 다쳤으며, 뒤따르는 장사의 공격을 받았다.

화우계火牛計는 '불붙인 소'라는 대포알을 한밤중에 집중적으로 날린 화력전이었다. 성난 소를 앞세우고 수천 명의 군사가 봇물 터진 듯이 쏟아져 나온 데다가 성안에서는 진격의 북을 치며 함성을 질러대었다. 그 기세에 눌려 연나라군은 한밤중에 우왕좌왕하며 제대로 싸워보지도 않고 달아났다. 전단의 화우계는 대성공이었다.

제나라 군사는 그들을 뒤쫓아 연나라의 장수 기겁을 잡아 죽였다. 전단은 여세를 몰아 임치와 70여 개의 성을 되찾아 양왕에게 다스리게 하였다. 제齊 양왕은 전단을 안평군에 봉하고 재상의 직책을 맡겼다.

다른 한편 연燕 혜왕은 즉묵전투에서 참패하자 자신이 악의를 불신한 것이 얼마나 큰 실책이었는지 통탄하였다. 이런 걸 두고 흔히 '다 된 밥에 재 뿌리기'라고 하지 않는가? 혜왕은 뒤늦게 후회하면서 악의에게 돌아오라는 편지를 보냈다.

악의는 답신의 보연왕서報燕王書에서 자기가 연나라로 가지 않는 까닭을 다음과 같이 밝혔다. 옛날 오자서가 오吳 합려의 쟁패를 도왔음에도 아들 부차에 의해 억울한 죽임을 당한 것을 연상시키면서 연燕 소왕의 공적을 밝게 드러내고 아들 혜왕으로부터 단지 자신의 목숨을 건지고자 했을 뿐 다른 의도는 없다고 하였다. 그리고 군주와 신하의 의리를 토로하였다.

"옛 군자는 사람과 교제를 끊더라도 그 사람의 단점을 말하지 않고, 충신은 그 나라를 떠나더라도 자기 결백을 밝히려고 군주에게 허물을 돌리지 않는다."

요컨대 약소국이 강대국을 궁지로 몰아넣은 제서전투(기원전 284년)나 의리를 강조한 보연왕서도 주의를 끌었지만, 전단이 최후의 보루 즉묵성을 기반으로 절명 위기의 제나라를 구하는 즉묵전투(기원전 284~279년)는 윤세주에게 너무나 감동적이었을 것이다. 잃은 땅을 되찾은 이가 고관대작이 아니라 바로 평범한 서민이었음에 더욱 그러하다.

제齊 · 연燕나라가 5년 전쟁에 허덕이는 동안 진나라는 무엇을 하였을까? 진秦 소양왕은 백기를 앞세워 한 · 위 · 초나라를 야금야금 잠식하였다. 제나라가 송나라를 침탈하기 이전부터 백기 장군은 한 · 위 · 조나라의 삼진을 마구 들쑤셔 놓았다.

> 소양왕 13년(기원전 294년) 백기는 좌서장이 되어 한나라 신성을 공격하였고, 이듬해 좌경에 올라 이궐전투(기원전 293년)에서 한 · 위나라를 공략하여 다섯 성을 차지하였다. 그는 국위로 승진하여 하수河水 건너 위나라의 옛 수도였던 안읍에서 동쪽으로 건하에 이르는 넓은 구역을 함락하였으며, 다음 해 대량조에 올라 위나라의 61개 성을 빼앗았다. 소양왕 21년(기원전 286년)에는 조나라의 북부 변경을 쳐서 대代의 광랑성을 점령하였다.

또한 오래지 않아 백기는 언영전투(기원전 279~278년)에서 초나라를 초토화하여 중원 진출의 발판을 공고히 한다.

조나라의 버팀목

진나라의 파죽지세에도 불구하고 버텨온 나라가 있었는데 바로 조나라이다. 〈사기 열전〉 '염파인상여'(#21)는 조나라의 두 버팀목인 재상 인상여와 장군 염파를 다루었다. '완벽귀조'(기원전 283년)와 '민지 회맹'(기원전 279년)을 중심으로 두 사람의 활약을 알아보자.

전국시대 말 조趙 혜문왕은 '화씨벽'을 손에 넣었다. 그것 때문에 장의가 초나라에서 초주검이 되었던 신비의 옥구슬이다. 진秦 소양왕이 소문을 듣고 조나라에 사신을 보내 자기 나라 15개 성과 화씨벽을 맞바꾸자고 제안하였다.

조趙 혜문왕이 신하들과 상의하니, 일단 화씨벽을 진나라에 가지고 갔다가 그들이 약속한 대로 15개 성을 떼어주면 넘겨주고 아니면 도로 가지고 오자는 쪽으로 가닥이 잡혔다.

하지만 '고양이 목에 방울을 다는' 모험을 누구에게 맡길 것인가? 환관의 우두머리 무현이 자신의 상객上客(빈객보다 높은 계층의 식객)인 인상여를 추천하였다. 조趙 혜문왕이 인상여에게 의견을 물었더니 그가 대답하였다.

> "진나라는 강하고 조나라는 약하니 요청을 받아들이지 않을 수 없습니다. 조나라가 요청을 받아들이지 않으면 잘못은 조나라에 있습니다. 그러나 조나라가 화씨벽을 주었는데도 진나라가 15개 성을 주지 않으면 잘못은 진나라에 있습니다. 두 대책을 비교해 보면 요청을 받아들여 잘못의 책임을 진나라에 덮어씌우는 편이 낫습니다."

인상여는 사신행을 자청하였다. 과연 약육강식의 진나라가 땅을 떼어주고 화씨벽을 살까? 인상여는 그럴 거라고 믿지 않았으며, 따라서 대비책을 단단히 마련하였을 것이다.

> 기원전 283년 인상여는 화씨벽을 받들고 진나라로 갔다. 진秦 소양왕은 화씨벽을 보는 순간 완전무결한 아름다움에 매료되었고, 신하들은 서로 돌려보면서 만세를 불렀다.

그런데 열다섯 성을 준다는 말은 대체 나오지 않았다. 인상여가 '거기에는 흠이 있으니 알려 드리겠다'고 꾸며대니, 왕은 의심 없이 옥구슬을 건네주었다. 옥의 티[하瑕] 또는 흠[자疵]을 뜻하는 '하자'는 여기에서 생긴 말이다.

> 인상여는 화씨벽을 손에 넣자마자 뒤로 몇 걸음 물러나 기둥에 기대어 서더니, 머리카락이 치솟아 관을 찌를[노발충관怒髮衝冠] 만큼 화를 내며 왕에게 협박하였다.

'노발충관'은 몹시 성낸 모양을 표현한다. 인상여는 노발대발하여 화씨벽을 내려치려고 하면서 언성을 높였다.

> "조나라 왕께서는 대국의 위엄을 두려워하여 공경을 다하고자 목욕재계하고 신을 사신으로 삼아 화씨벽과 국서를 보냈습니다. 신이 진나라에 이르니 왕께서는 신을 별궁에서 만나고 예절을 하찮게 여기었습니다. 화씨벽을 받으시고는 비빈들에게 돌려보며 신을 희롱하셨습니다.
>
> 진나라가 성읍으로 보상할 뜻이 없어 보이므로 신은 화씨벽을 조나라로 돌려보내겠습니다. 만일 대왕께서 윽박지르신다면 신의 머리는 벽옥과 함께 기둥에 부딪혀 깨어질 것입니다."

소양왕은 옥구슬의 파손을 염려하여 신하를 불러 지도를 펼친 뒤 여기에서 저기까지 열다섯 성을 주라고 지시하였다. 그러나 인상여는 믿지 않았다. 조나라 왕이 화씨벽을 보내기 전에 닷새 동안 목욕재계했듯이 먼저 자신을 귀빈 대접하라고 요구하였다.

그날 그는 숙소로 돌아오자마자 곧바로 수행원에게 옥구슬을 품속에 숨겨 조나라로 도망치게 시켰다. 닷새 정도면 온전하게 화씨벽을 본국으로 돌려보내는[완벽귀조完璧歸趙] 데 충분하였을 것이다. 여기에서 우리가 곧잘 쓰는 '완벽'이란 말이 생겼다. 또한 '쌍벽을 이루다'라고 할 때 쌍벽雙璧도 우열을 가리기 힘든 '두 개의 옥구슬'이란 뜻이다.

소양왕은 인상여를 영빈관으로 옮겨 묵게 하였다. 닷새 뒤 왕이 그를 귀빈의 예로 맞이하자 인상여는 왕에게 말하였다.

> "진나라는 목공 이래 스무 명의 군주가 모두 약속을 지킨 적이 없습니다. 신은 왕에게 속아 조나라를 저버리게 될까 보아 사람을 시켜 화씨벽을 돌려보냈습니다. 대왕을 속인 죄로 죽어 마땅하오니 물 끓는 가마솥에라도 들어가겠습니다."

소양왕과 신하는 서로 바라보며 쓴웃음을 지었다. 신하 중에서 인상여를 처벌하자는 주장도 있었으나, 왕은 인상여를 고이 돌려보냈다. 그를 죽이면 화씨벽도 얻지 못하고 조나라와의 우호 관계만 끊어지기 때문이었다.

인상여가 소양왕의 속임수를 꺾고 아무 탈 없이 돌아오자 조趙 혜문왕은 그를 상대부上大夫로 삼았다. 대부에는 상, 중, 하의 세 등급이 있으며, 상대부는 제후 또는 경卿 바로 아래의 최고 신분이다.

그로부터 4년 뒤 기원전 279년 진秦 소양왕은 조趙 혜문왕에게 서하 남쪽의 국경지대에 있는 민지에서 회맹하자고 제의하였다. 혜문왕은 진나라의 보복이 두려워서 가지 않으려 했지만, 염파와 인상여는 참석을 독려하였다.

염파의 군대는 국경 부근에서 혜문왕이 무사히 돌아오기를 대기하고, 인상여는 왕과 함께 민지로 향하였다. 염파는 이목과 더불어 조나라를 대표하는 장수인데, 그는 기원전 283년 제나라를 쳐서 양진(산동성)을 얻어내었고 그로부터 4년 후 다시 제나라를 공략한 바도 있는 명장이다.

> 친선 연회가 무르익자, 진나라의 신하가 '조나라의 성 열다섯 개를 바쳐 소양왕의 장수를 축복해 달라'고 강요하자, 인상여는 '진나라의 수도 함양을 바쳐서 혜문왕의 장수를 축복해 달라'고 응수하였다. 조나라도 군사를 배치하여 대비하였으므로 진나라는 함부로 움직일 수 없었다. 두 나라는 민지 회맹에서 형제의 우의를 맺었고, 진나라는 왕손 이인異人을 조나라에 볼모로 보내었다.

민지 회맹에서 진秦·조나라는 불가침 조약을 맺었다. 제3장 '진왕 정과 여불위'에서 보겠지만 볼모로 온 진나라(소양왕)의 왕손 이인은 20여 년 후 본국으로 돌아가 장양왕에 오른다.

완벽귀조와 민지 회맹 이후 인상여는 상경(재상에 상당하는 벼슬)으로 특진하였다. 염파는 인상여의 고속 승진에 불만을 터뜨렸다. '말만 잘하는 인상여가 전공을 많이 세운 자기보다 어찌 더 높은 지위에 오를 수 있담! 내가 인상여를 만나기만 하면 기필코 모욕을 주리라.'

재상 인상여는 염파 장군의 원망을 이해하였고, 비록 자기보다 낮은 직위라고 해도 그를 존경하고 경외하였으므로 서로를 다치게 할 충돌이 일어나지 않기를 바랐다. 인상여가 염파를 슬슬 피해 다니자, 아랫사람들이 실망하였다.

> 인상여는 아랫사람들에게 물었다. "그대들은 염 장군과 진나라 왕 가운데 누가 더 무섭소?" 그들이 대답하였다. "진나라 왕이 더 무섭지요."
>
> 인상여가 타일렀다. "나는 진나라 왕을 궁정에서 꾸짖고 그의 신하들을 부끄럽게 만들었소. 내가 아무리 어리석은들 염 장군을 겁내겠소? 강한 진나라가 조나라를 치지 못하는 까닭은 나와 염파 두 사람 때문이오.
>
> 지금 우리 두 호랑이가 서로 싸우면 모두가 살아남지 못할 것이오. 내가 염파를 피하는 것은 나라의 위급함을 먼저 생각하고 사사로운 원망을 뒤로 미루기 때문이오."

염파는 이 말을 전해 듣고 인상여에게 사죄하였다. "비천한 저는 상경께서 이토록 너그러우신 줄 몰랐습니다." 두 사람은 화해하고 '목을 베어줄 정도의 우정'[문경지교刎頸之交]를 맺었다.

목숨과 바꿀 수 있는 우정은 그리 흔하지 않다. 석정 윤세주에게 문경지교까지는 아니라도 '자기를 가장 잘 알아주는' 지음지교知音之交가 있었다. 석정과 이육사는 중국 남경에서 의열단의 조선혁명간부학교 제1기(1932년 10월~1933년 4월)를 함께 졸업한 후 서로 헤어지게 되었다.

기약 없는 이별을 앞두고 육사는 자기 목숨처럼 애지중지하던 비취 도장에 '贈(증) S • 一九三三 • 九 • 一〇• 陸史(육사)'라고 새겨서 석정에게 주었다. 그 후 이육사는 오랫동안 소식이 없는 윤세주를 모델로 '청포도'(1939년), '절정'(1940년), '연인기'戀印記(1941년), '주난흥여'(1943년) 등의 작품을 연속적으로 남겼다.

제3장

새로이 떠오르는 태양

전국시대 말기에 진나라(소양왕)는 백기 장군을 앞세워 언영전투에서 초나라를 초토화하고 화양전투에서 위·조나라, 형성전투에서 한나라를 깨뜨리면서 연승 행진하였다. 제나라(민왕)와 연나라(소왕)는 이미 제서전투와 즉묵전투에서 치고받으며 치명상을 입었고 조나라(효성왕)마저 장평대전(기원전 260년)에서 진나라에 참패함에 따라 주周 왕조의 몰락 이후 진시황(진왕정)의 중국 통일은 가속화되었다.

기원전	전국시대 말기(기원전 280~221년)의 주요 사건 (I)
279~278	언영전투에서 진秦나라 백기가 초나라를 초토화
273	화양전투에서 진秦 소양왕이 위·조를 격파
270	알여전투에서 조나라 조사가 진나라군을 격파
266	범수가 원교근공책을 제시하며 진나라 재상으로 등용
264	형성전투에서 진나라 백기가 한나라를 깨뜨림
262	한나라 상당의 태수 풍정이 상당을 조나라에 의탁
260	장평대전에서 진나라 백기가 조나라를 초토화
259~257	한단포위전에서 조·위·초의 연합군이 진나라를 격퇴

1. 진나라의 원교근공

진秦 혜문왕은 장의의 연횡책을 채택하여 여섯 나라의 합종을 하나씩 깨뜨렸고, 아들 무왕은 감무를 등용하여 중원 진출의 발판을 마련하였다. 이어서 중국 통일의 기초를 닦은 소양왕의 맹활약은 외척정치와 원교근공책, 제·초나라와의 친교, 장평대전, 한단포위전을 중심으로 검토해 볼 수 있다.

소양왕의 외척정치

소양왕은 외척(외가 쪽 친척)의 영향력 아래 왕좌에 올랐다. 무왕(혜문왕의 아들)에는 아들이 없었으므로 왕위는 혜문왕의 후궁인 선태후의 아들에게 돌아갔다. 선태후는 남동생 위염(~기원전 265년)에 힘입어 아들 영직을 소양왕으로 받들 수 있었다.

소양왕(재위: 기원전 306~251년)은 즉위 당시 나이가 어렸으므로 선태후가 국정을 돌보고 위염(소양왕의 외삼촌)이 정치를 도맡았다. 양후 위염이 왕을 등에 업고 백기 장군을 앞세워 위세 떨치는 과정은 〈사기 열전〉 '양후'(#12)에 실려있다.

소양왕의 즉위 얼마 후 초楚 회왕이 한나라를 공격하여 옹지를 포위하였다. 이것은 6년 전 단양남전전투(기원전 312년)에서 한나라가 초나라를 돕지 않은 것에 대한 앙갚음이었다. 한나라는 공중치를 보내 진나라에 도움을 구걸하였다.

> 소양왕의 어머니 선태후가 초나라 출신이었기에 진나라가 움직일 기미를 보이지 않자 공중치는 감무에게 매달렸다. 감무는 소양왕에게 말하였다. "지금 한나라를 돕지 않으면, 장차 초나라는 한나라를 합친 후 위나라와 연합하여 진나라를 위협하는 형세가 만들어질 것입니다."

외척의 영향력이 기고만장한 가운데 이것을 누그러뜨릴 수 있는 이는 초나라 출신의 감무가 유일하였다. 소양왕이 감무의 말을 듣고 한나라에 원군을 보내니 초나라 군대가 물러갔다.

그런데 기원전 294년 이번에는 왕의 외척인 상수가 의양을 발판으로 한나라를 토벌하였다. 한나라와의 친선을 위해 감무는 빼앗은 땅을 되돌려주게 왕을 설득하였다. 이에 상수가 불만을 잔뜩 품고 헐뜯자, 감무는 외척 세력을 도저히 감당할 수 없어 위나라 포판을 치는 일을 멈추고 제나라로 망명하였다.

소양왕은 감무의 재능을 두려워하여 그에게 상경 벼슬과 재상 직위를 제안하며 되돌아올 것을 간구하였으나 감무는 끝내 거부하였다. 외척이 득세하고 있는 한 어떠한 활동도 제한받을 수밖에 없기 때문이다.

이제 왕의 외척은 더욱 기승을 부렸다. 재상 위염은 위나라를 쳐서 황하 동쪽 땅 사방 400리를 얻어냈고, 또다시 황하 이북을 쳐서 60여 성을 빼앗았다. 기원전 288년(소양왕 19년)에 진나라는 서제西帝(서쪽의 황제), 제나라는 동제東帝(동쪽의 황제)라고 일컬을 정도로 두 나라가 강성하였다.

게다가 진나라는 백기를 앞세워 초나라를 초토화하였다. 언영전투(기원전 279~278년)에서 언과 등을 비롯한 다섯 성을 차지한 데 이어 수도 영을 치고 왕실 묘역인 이릉을 불살랐다. 초나라는 400년 도읍지를 버리고 동쪽의 진陳(허난성)으로 옮겨야 하였다.

기원전 275년(소양왕 32년) 위염은 위나라의 수도 대량을 포위하였는데, 궁지에 몰린 위나라(안희왕)가 대부 수고를 보내 위염을 설득하였다.

> "위나라는 100개 현의 정예 병사를 총동원하여 대량의 철옹성을 지킵니다. 만일 대량성을 함락시키지 못할 경우 진나라 병사는 지칠 대로 지치고 당신이 쌓은 공로는 물거품이 될 것입니다.
>
> 초나라와 조나라의 지원군이 오기 전에 땅을 조금 떼어 받고 사태를 수습하십시오. 그러면 초나라와 조나라는 위나라가 진나라와 화친한 것을 두고 화를 내며 서둘러 진나라를 섬길 것이고, 자연히 합종이 깨질 것입니다."

대량성이 난공불락의 요새인 터라 위염은 이쯤에서 포위를 풀고 위나라와 친교를 맺었다. 그러나 이듬해 위나라가 배반하고 제나라와 합종하자, 위염은 다시 위나라를 공략하여 세 현을 손아귀에 넣었다. 다음 해에도 진나라는 조 · 한 · 위나라를 치고 화양전투(기원전 273년)에서 위나라와 조나라를 공략하였다.

진秦 소양왕은 기원전 272년 한 · 위나라와 함께 다시 초나라를 치려고 하였다. 초나라가 절명 위기를 맞자, 초楚 경양왕(회왕의 아들)은 변론에 뛰어난 황헐을 보내 소양왕을 설득하였다.

> "천하에 진나라와 초나라보다 더 강한 나라는 없습니다. 두 나라가 싸우는 것은 호랑이 두 마리가 싸우는 것과 같습니다. 호랑이가 서로 싸우다 지치면 힘이 약한 개에게 이로울 뿐입니다.
>
> 진나라가 초나라를 치기 위해 숙적이었던 한나라와 위나라에 원군을 주는 것은 큰 잘못이며 또한 초나라의 멸망은 그 두 나라를 더욱 강하게 만들 것입니다. 한 · 위나라가 지금 왕께 잘한다고 해서 그들을 믿는 것은 바로 오나라가 월나라를 철석같이 믿은 탓에 멸망한 것과 같습니다."

진 · 초나라의 '두 마리 호랑이'가 서로 싸워 지치면, 제3의 숙적인 한 · 위나라를 이롭게 할 뿐이란 회유책이다. 이것은 강대국 간의 싸움을 진정시킬 때 흔히 쓰는 말로서 이전에 장의가 초楚 회왕을 설득할 때도 써먹은 적이 있다. 초楚 경양왕은 진나라와 동맹을 맺었고 이듬해 태자 완(나중의 고열왕)을 볼모로 보내었다. 태자 완과 태부 황헐은 경양왕(재위: 기원전 298~263년)이 죽기 직전까지 7년 이상 진나라에 붙들려 있게 된다.

이제 위염은 화양전투에서 빼앗은 땅을 조나라에게 돌려주는 대신에 군사를 지원하여 제나라를 치게 하였다. 그러자 제齊 양왕은 위염에게 편지를 보내 공략을 중지시켰다.

> "조 · 한 · 위나라가 한편이 되는 것은 진나라에 심각한 위협입니다. 그들은 진나라를 백 번 배반하고 속이지 않았습니까? 진나라가 조나라와 함께 제나라를 쳐서 조나라를 살찌운다면, 조나라는 결국 진나라의 적이 되므로 이롭지 못합니다."

위염은 잠깐 군사를 거두었지만, 자신의 봉토를 넓힐 요량으로 기원전 271년(소양왕 36년) 다시 제나라를 넘보았다. 이때 범수가 소양왕을 찾아가 외척이 왕을 따돌리고 있다면서 맹비난하였다. 이에 대해서는 아래에서 낱낱이 밝힐 것이다.

범수의 원교근공책

진나라는 장의의 연횡책 덕분에 합종을 깨뜨려 여섯 나라의 칼날을 피할 수 있었지만, 끊임없이 그들의 견제를 받아야 하였다. 그 한계를 뛰어넘어 중국 통일을 겨냥하는 전략으로 범수(~기원전 255년)가 제시한 것이 원교근공책遠交近攻策이다. 〈사기 열전〉 '범저채택'(#19)은 진秦 소양왕의 패권 쟁취에 이바지한 범저(범수)와 채택의 두 재상을 자세히 다루고 있다.

범수는 위魏나라 출신으로 사신 왕계를 따라 진나라에 들어왔다. 왕계가 소양왕에게 그를 천거하였지만 한 해가 넘도록 감감무소식이었다. 외척이 맹위를 떨치는 가운데 초나라 출신의 감무조차도 그들의 등쌀을 감당하지 못하였으니 범수 같은 삼진三晉의 유세가는 더욱 끼일 틈이 없었다.

당시의 진나라는 선태후가 수렴청정하였고, 이복동생 위염과 친동생 화양군이 실권을 잡았다. 소양왕은 장성하면서 왕족인 두 공자를 경양군과 고릉군에 봉하여 가까이하였다. 위염, 화양군, 경양군, 고릉군의 네 귀족은 번갈아 가며 장군이 되어 봉토를 받아 왕실 이상으로 재산을 끌어모았다.

그들 중에서 양후 위염의 위세가 막강하였다. 그가 백기 장군을 선봉장으로 삼아 제나라를 공략함으로써 자신의 봉토를 넓히는 과욕을 부리자, 범수가 분연히 나서 상소를 올렸다.

"대부는 인재를 나라 안에서 찾고, 군주는 천하에서 찾는다고 합니다. 훌륭한 군주는 일의 성공과 실패에 밝습니다. 이로우면 실행하고, 해로우면 버리며, 의심스러우면 더 시험해 봅니다.

왕께서 지금까지 신을 내버려 둔 것은 신이 어리석기 때문입니까? 아니면 추천인 왕계가 낮은 지위이어서 믿을 수 없는 탓입니까? 그렇지 않다면 왕께서 한가한 틈을 타서 신이 뵐 수 있는 영광을 주시기 바랍니다. 나라에 도움이 안 된다면 죽음의 형벌도 달게 받겠습니다."

왕이라고 하여 어찌 외척을 경계하지 않았겠는가? 단지 국정의 기조를 다른 무엇으로 대체해야 할지 몰라 자탄할 뿐이었다. 왕은 수레를 보내 범수를 모셔 왔는데, 그동안 최측근의 감무를 잃은 적이 있는 터라 외척의 난무를 척결하는 동시에 합종연횡의 한계를 돌파하는 인재에 목말랐기 때문일 것이다.

소양왕은 지연된 초빙을 사과하였다. "이제 삼가 주인과 손님의 관계로 예우하며 가르침을 받들겠소." 범수가 망설이자, 왕은 신하를 물리치고 주위에 아무도 없게 한 후 무릎을 꿇고 세 차례나 가르침을 요청하였다. 왕과 독대하게 되자 그제야 범수는 입을 열었다.

"진나라는 사방이 요새로서 튼튼합니다. 백성은 사사로운 싸움에는 겁내나 나라를 위한 싸움에는 용감합니다. 병사의 용맹함과 많은 전차와 기마를 이용하면 제후들을 다스릴 수 있습니다.

그런데도 신하들은 소임을 감당하지 못하고, 15년 동안이나 함곡관을 닫아 두고 중원을 넘보지 못하고 있습니다. 이것은 양후 위염이 진나라를 위해 충실하게 계획하지 못하고, 대왕의 계책에 잘못이 있기 때문입니다."

왕은 구체적으로 무엇이 잘못되었는지 듣고자 하였다. 범수는 엿듣는 사람이 있을까 염려하여 국내문제는 제쳐두고 우선 나라 밖에 대해 말하면서 눈치를 살폈다.

"위염이 한 · 위나라 너머 제나라를 치는 계책은 좋지 않습니다. 이전에 제齊 민왕은 초나라를 치고 얻은 광활한 땅을 개척하려 했지만, 한 치의 땅도 차지하지 못했습니다."

제나라가 초나라를 공략한 것은 수사전투(기원전 301년)를 일컫는다. 초나라는 제 · 한 · 위나라의 연합군에 패하여 태자 횡(나중의 경양왕)을 볼모로 제나라에 보내면서 화해하였다. 그런데도 제나라는 그 광활한 땅을 왜 차지하지 못하였다는 걸까?

"제나라가 전쟁으로 피폐해 있고 군신 관계가 원만하지 않은 점을 노려 다른 제후들이 제나라를 깨뜨렸기 때문입니다. 사람들이 나무라자 왕은 맹상군의 탓으로 돌렸고, 대신들이 반란을 일으키자 맹상군은 도망하였습니다. 제나라의 패전은 초나라를 쳐서 한 · 위나라를 살찌운 데 있습니다."

맹상군의 위나라 망명(기원전 284년)은 '교토삼굴'의 고사(제6장 '전국사군자의 식객' 참조)를 남겼다. 범수는 진나라가 제나라의 실패를 반복하지 않으려면 원교근공遠交近攻을 국정의 기조로 삼아야 한다고 주장하였다.

"왕께서는 멀리 떨어져 있는 나라는 교류하고 가까운 나라는 치는 것이 가장 좋습니다. 그러면 한 치의 땅을 얻어도 왕의 것이 됩니다."

원교근공책은 제 · 초 · 연나라 같은 원거리의 나라와 친교 맺은 후 위 · 조 · 한나라 등 인접국을 협공한다는 방책이다. 이를테면 누에가 뽕잎을 갉아 먹듯이 가까운 곳부터 공략하노라면 조만간 천하를 삼킬 수 있다는 것이다. 이것은 위염이 인근의 위나라와 친교하고 원거리의 제나라를 공략하는 정책과는 정반대가 아닌가! 범수는 말을 이어갔다.

"초나라가 강하면 조나라를 진나라에 아부하게 만들고, 조나라가 강하면 초나라를 귀의해 오게 만드십시오. 초나라와 조나라가 모두 귀의해 오면, 제나라는 진나라를 깍듯이 섬길 것입니다. 제나라가 우리 편이 되면 한나라와 위나라도 어렵지 않게 장악할 수 있습니다."

소양왕은 변화무쌍한 위나라에 대한 묘책이 있는가를 물었다. 범수가 명료하게 대답하였다.

"왕께서는 말을 겸손하게 하시고, 많은 예물로 위나라를 섬기십시오. 그래도 안 되면 땅을 떼어 뇌물로 주고, 도저히 안 되면 그때는 병사를 일으켜 치십시오."

왕은 범수를 객경에 임명하고 군사에 관한 일을 줄곧 상의하였다. 오래지 않아 소양왕의 신임을 두텁게 입게 되자 범수는 비로소 평소의 소신을 털어놓았다. 군주의 총애를 확인하고서야 본격적으로 유세한 것이다.

"태후는 나랏일을 마음대로 처리하고 왕을 돌아보지 않고, 양후 위염은 다른 나라에 사신을 보내면서도 왕에게 보고하지 않으며, 화양군과 경양군은 멋대로 사람을 죽이고 왕을 꺼리지 않고, 고릉군은 사람을 마음대로 나아가게 하고 물러나게 하면서도 왕의 허락을 받지 않습니다. 진나라에는 왕이 없는 거나 다름없습니다."

선태후가 정권을 제멋대로 휘두르고, 위염이 제후들 사이에 권세를 떨치며, 화양군, 경양군, 고릉군의 무리가 왕실보다 부유하다고 비판하였다. 이것은 '나무 열매가 너무 많으면 가지를 부러뜨리고, 가지가 부러지면 나무 기둥을 해치는' 것과 같은 이치이다. 범수는 왕이 따돌림당하고 있으니 나라가 위태롭다고 간언하였다.

"군주가 신하에게 정권을 맡긴 채 정사를 돌보지 않으면 신하는 현명하고 능력 있는 자를 시기하여 아랫사람을 누르고 윗사람을 가리며 사사로운 욕심만 채워 군주를 위한 계책을 꾀하지 않건만 군주는 그것을 깨닫지 못하므로 나라를 잃게 되는 것입니다."

왕은 범수의 지적에 충격을 받았다. 일일이 옳은 말이었다. 지금이야말로 통치의 틀을 바로 잡을 때가 아닌가! 소양왕은 선태후를 폐출하고 위염을 함곡관 밖으로 쫓아냈다. 위염이 내쫓길 때 그의 짐수레가 1,000대를 넘었으니, 여태껏 그의 재물 욕심이 얼마나 지나쳤는지 알 수 있다. 범수는 기원전 266년에 재상이 되고 응읍에 봉하여 응후라고 불리었다.

진나라의 우방국

진나라는 원교근공책을 개진하면서 곧바로 원거리의 제나라와 초나라에 친선 사절을 파견하였다. 제나라에서는 양왕(민왕의 아들)이 죽은 후 아들 '건'이 즉위하였는데, 건왕(재위: 기원전 264~221년)은 나이가 어려 어머니 군왕후가 섭정하고 있었다. 그녀는 현숙하고 지혜롭기로 명성이 자자하였다.

진秦 소양왕은 군왕후의 지혜를 시험하였다. 두 옥돌을 연결하여 만든 가락지를 사신에게 주면서 군왕후가 분리해 보도록 요청하였다.

> 사신은 제나라 군왕후에게 소양왕의 말을 전하였다. "이 가락지는 원래 두 개였는데 하나로 붙어 떨어지지 않습니다. 여자들이 주로 끼는 물건이므로 군왕후께서 분리 방법을 잘 아실 듯합니다. 이 가락지를 풀어 주신다면 과인은 군왕후께 머리를 숙이겠습니다."
>
> 군왕후는 옥가락지를 뚫어지게 들여다본 후 망치를 가져오게 하였다. 그러고는 가락지의 한쪽을 두들겨 깨었다. "지금 보셨듯이 이 늙은이가 옥가락지를 풀었소. 이처럼 단단히 결속된 것이라도 망치로 치면 곧 풀린다고 귀국의 대왕에게 전하여 주시오."

아무리 복잡하고 어려운 문제라도 그것을 지혜로 풀기 어렵다면 힘으로 해결할 수 있으며, 제나라는 여전히 그런 힘을 가지고 있다는 의미일 것이다. 소양왕은 사신의 보고를 받은 후 탄복하였다. "제나라 군왕후는 과연 여걸이다."

두 나라는 기원전 264년 불가침 조약을 맺었다. 그렇지 않아도 제나라는 장기간의 제齊·연燕 전쟁 탓에 국력을 돌이키기 힘들 정도로 소진하여 진나라와의 친교를 내심 바랐을 것이다.

다음 해 진나라는 초나라와도 우호 관계를 재확인하였다. 초나라의 태자 완이 태부 황헐(춘신군)과 더불어 기원전 271년 이래 진나라에 볼모로 머물고 있었다. 황헐은 그의 문객 주영이 사신으로 왔을 때 경양왕의 근황을 듣고 태자와 상의하였다. "우리 대왕께서 위독하시다고 합니다. 태자께서 본국으로 돌아갈 수 있도록 제가 진나라 조정에 부탁해 보겠습니다."

황헐은 재상 응후(범수)에게 경양왕의 위독을 언급하면서 태자 완의 귀국을 간청하였다. 하지만 진秦 소양왕이 황헐을 홀로 돌려보낸 후 사태를 주시하자는 게 아닌가! 이전에 진나라는 그런 식으로 초楚 회왕을 묶어둔 적이 있으므로 황헐은 자신의 희생을 무릅쓰고 태자를 몰래 귀국시키기로 작심하였다.

초楚 회왕(경양왕의 아버지)의 억류를 잠깐 돌이켜보면, 기원전 299년 소양왕이 초나라 국경의 무관에서 우호 관계를 맺자고 제안하였는데, 회왕은 거기에 참석하였다가 진나라로 납치된 후 살아서 돌아오지 못하였다. 부득이 초나라는 3년 전 제나라에 볼모로 갔던 태자 횡을 부랴부랴 맞아들여 경양왕(재위: 기원전 298~263년)으로 옹립할 수밖에 없었다.

황헐은 태자 완이 아프다는 핑계로 빈객의 방문을 거절하였고, 그 사이에 태자는 마부의 옷으로 갈아입고 함곡관을 빠져나갔다. 태자가 진나라를 벗어나자, 황헐은 소양왕에게 자백하였다. 왕이 그를 죽이려 했지만, 응후 범수가 말렸다.

> "황헐은 신하로서 제 몸을 던져 군주를 위해 죽으려 했습니다. 태자가 왕위에 오르면 그를 반드시 등용할 것입니다. 그러니 죄를 묻지 말고 돌려보내 초나라와 화친을 맺는 것이 좋습니다."

소양왕은 황헐을 불러 그의 충성심을 칭찬한 후 초나라로 돌려보냈다. 진秦 소양왕은 제나라 및 초나라와 친선 관계를 굳게 다진 후 인접한 위·조·한나라를 치기 시작한다.

얼마 후 초楚 경양왕이 병으로 죽었고, 태자 완이 고열왕(재위: 기원전 262~238년)으로 즉위하였다. 왕은 황헐을 재상으로 임명하고 춘신군에 봉하였다. 춘신군은 옛 오나라 땅인 강동의 식읍에 관사를 짓고 많은 선비를 초청하였다. 그의 문객 중에 성악설의 순자荀子도 있었다. 재상 4년째 중원에서는 진나라가 장평대전(기원전 260년)을 일으켰고, 재상 5년째 한단포위전(기원전 259~257년)이 개시되었다. 제나라와 초나라는 이에 일절 간섭하지 않고 '먼 산 불구경'하듯 외면하였다.

백기와 장평대전

〈사기 열전〉 '백기왕전'(#13)은 백기(소양왕 때)와 왕전(진시황 때)을 한데 묶어 천하통일의 과정을 기록하였다. 그들은 진나라의 영토를 대폭 넓혔으며 전국시대 4대 명장에 속한다.

천자문千字文의 중간 부분에 '기전파목起翦頗牧 용군최정用軍最精'이란 글귀가 있는데, 이것은 '백기, 왕전, 염파, 이목이 군사를 가장 잘 다루었다'면서 백기와 왕전을 4대 명장의 맨 앞에 두고 칭송한 것이다.

진나라의 중원 진출은 조나라의 견제에도 불구하고 거침없었다. 진나라의 호양 장군이 알여전투(기원전 270년)에서 조나라의 조사 장군에 꺾인 적이 있지만, 백기 장군은 형성전투(기원전 264년)에서 한나라의 다섯 성을 빼앗았으며 이듬해 남양의 태항산 주요 도로를 잘랐다.

진나라가 기원전 262년 한나라 야왕이란 곳을 치니 상당은 수도 신정으로 가는 길이 끊어져 고립되었다. 상당 태수 풍정은 백성들과 모의하였다.

> "한나라는 우리 백성을 보호할 수 없을 터이니 상당을 조나라에 바치는 게 낫다. 그러면 진나라는 조나라를 칠 것이고, 한 · 조나라가 뭉치면 진나라에 대항할 수 있다."

풍정은 조나라에 사람을 보내 이 뜻을 알렸다. 그는 조나라의 염파와 인상여를 단단히 믿었던 모양이다. 조趙 효성왕은 풍정의 제안을 받아들이고 그를 화양군에 봉하였다. '넝쿨째 굴러온 호박' 또는 '아닌 밤중에 찰시루떡'을 마다할 이유가 없었다. 게다가 진나라가 무서워 조나라에 의탁해 온 사람을 거두어들이는 것은 의義롭기조차 하다.

그러나 진나라가 상당을 포기할 리 만무하고 그러면 조나라가 전쟁에 휘말릴 수 있지 않을까? '까닭 없이 얻은 재물에는 재앙이 뒤따른다'가 절대로 허튼 말이 아니다. 곧바로 조나라는 '바람 앞의 등불'[풍전등화風前燈火] 위기에 놓이게 된다.

기원전 260년 진나라는 백기를 선봉장으로 하여 상당을 공략하였다. 조나라의 염파는 장평(허난성)에 진을 치고 부장 조가를 상당으로 보내 풍정을 돕게 하였다. 상당은 오래지 않아 진나라의 왕흘에게 함락되었고 풍정은 장평으로 피신하였다.

염파는 장평에서 관문을 굳게 닫고 지킬 뿐 진나라군과 함부로 싸우지 않았다. 그들은 본국에서 멀리 이동해 왔으므로 시간을 끌수록 지칠 것이란 계산에서 지구전을 편 것이다. 능히 이길 수 없는 적이라면 방어 위주로 대처할 수밖에 없는 일이기도 하다.

그러자 진나라의 범수는 첩자를 보내 이간질하는 말을 퍼뜨렸다. 이때 알여전투(기원전 270년)에서 대승한 조나라의 조사 장군을 들먹였는데, 그는 절체절명의 험지[사지死地]에서 5만 명 군사로 진나라의 20만 대군을 완파한 용장이었다.

> "염파 장군도 나이를 먹더니 겁쟁이가 되었다. 그는 진나라에 곧 항복할 것이다. 진나라가 두려워하는 이는 조사 장군의 아들 조괄이다."

이것은 알여전투의 패전을 받침점으로 하여 장평대전(기원전 260년)을 승리로 이끌기 위한 범수의 지렛대 전략이었다. 조趙 효성왕은 염파가 보루를 지킬 뿐 싸우지 않음을 불만스럽게 여기던 터라 염파 대신에 조괄을 장군으로 임명하였다. 정계에서 은퇴한 인상여까지 나서서 '조괄은 병서에는 밝으나 실전 경험이 모자란다'면서 말렸으나 막무가내였다.

드디어 진군의 북이 울리고 진나라의 백기와 조나라의 조괄이 맞붙었다. 백기의 군대는 지는척하며 달아났다. 두 갈래로 복병을 두었다가 쫓아오는 조괄의 군대를 에워싸 습격하는 동시에 식량 보급로를 끊었다.

> 조나라 진영은 식량 보급을 받지 못한 채 한 달 이상 굶주렸다. 군사들은 진영 밖으로 나가면 진나라군의 화살 세례를 받아야 하고, 안으로 들어오면 배고픔에 시달렸다.

병사는 배를 채워주지 못하면 전투 의지가 떨어질 수밖에 없다. '잘 먹어야 잘 싸운다' 또는 '병사는 배로 싸운다'는 말도 있지 않는가? 그 해 9월에 조괄 장군이 포위망을 뚫으려다 죽자, 그의 군사 40만 명은 투항하였다.

그 당시 포로는 어떻게 처리하였을까? 『손자병법』은 '탈취한 전차를 우리 깃발로 바꿔 달고 아군 부대에 혼합 편성하고, 포로를 아군과 똑같이 잘 대해주어야 하며, 이것이 적을 이기고 스스로 강하게 한다'고 하였다.

그러나 조나라군의 포로는 자그마치 40만 명이다! 백기 장군은 고민에 빠졌으나 그의 결단은 이러하였다.

> "이전에 상당 백성은 진나라에 귀속되기 싫어하여 조나라로 갔다. 조

나라 병사는 마음을 잘 바꾸므로 지금 모두 죽이지 않으면 나중에 반란을 일으킬지 모른다."

전국시대 말 전쟁의 참상은 절정에 이르렀다. 백기는 어린아이를 제외한 상당 백성과 조나라 병사를 산 채로 땅속에 묻어 죽였다. 포로 40만 명이 생매장되었다니 이런 식으로 참혹하게 죽이면 누가 항복할까?

하지만 식량 보급이 원활하지 않았던 고대 시대에 아군도 먹이기 힘든 형편에 포로까지 감당하기는 어렵고, 무엇보다도 40만 명이라면 반란을 일으킬 수도 있지 않은가? 그렇다고 대학살이 정당화될 수는 없다. 백기는 전투에서는 이겼으나 전국시대 초기의 오기와 달리 민심까지는 얻지 못하였다.

전쟁 포로의 처리에 대해서라면 석정 윤세주도 무관하지 않다. 조선의용대 본부가 중국의 임시수도 중경(쓰촨성)에서 수백 킬로미터 떨어진 계림(광시좡족자치구)에 있었을 때의 일이다. 그가 〈조선의용대통신〉에 실은 일련의 연재물 '화평촌통신'(1939년)에 따르면 석정은 중국군에 붙잡힌 포로 31명을 6개월 남짓 교도하여 모두를 조선의용대에 입소시켰다. 앞표지의 사진은 그즈음 석정의 모습이다.

평원군과 한단포위전

진나라의 백기는 장평대전의 승세를 몰아 곧바로 조나라의 수도 한단을 포위하였다. 조趙 효성왕은 한단성이 함락될 지경에 이르자, 소대에게 많은 예물을 주어 진나라의 재상 응후(범수)의 마음을 달래게 하였다. 소대는 소진의 동생으로서 평원군(혜문왕의 아들, 효성왕의 삼촌)의 집에 빈객으로 머물고 있었다.

소대는 응후를 찾아가 회유하였다. "조나라 멸망은 백기에게는 천자를 보좌하는 삼공三公의 높은 지위에 오를 기회가 될 것이고, 그렇게 되면 승상이 세운 업적은 백기에 가려 빛을 보지 못할 테지요." 백기가 더 공을 세우지 못하도록 유인한 것이다. 임전무퇴의 조나라군과 싸우면 진나라군의 희생도 커질 수밖에 없으니, 진나라가 군사를 물린다면 한나라와 조나라가 땅을 떼어 바칠 것이라고 회유하였다.

응후 범수는 소양왕에게 건의하였다. "진나라군은 지쳐 있습니다. 한나라와 조나라에서 땅을 받고 화친을 맺음으로써 병사를 쉬게 해야 합니다." 왕은 응후의 말이 옳다고 여겨 한단성 공략을 일단 접게 하였다. 사기 백배의 진나라군이 조나라 정복을 코앞에 두고 있는데 갑자기 회군하게 되자 백기는 못내 아쉬워하였고, 이 일로 그는 응후와 사이가 벌어졌다.

2년 후 소양왕은 한단을 다시 공략하게 하였다. 백기가 병을 핑계로 사양하자 왕릉을 대신 보냈다. 조나라의 대장은 백전노장 염파이었다. 염파는 한단성을 밤낮으로 물 샐 틈 없이 지키면서 때때로 소수의 정예군을 내보내 파상적으로 공격하고 물러나는 전법을 구사하였다. 왕릉은 염파의 전략에 휘말려 한 번도 제대로 된 큰 싸움을 하지 못한 채 철수하였다.

얼마 후 왕은 또 백기를 불렀으나 그는 왕의 기대에 응하지 않았다.

"지난번에는 장평전투에서 대승한 뒤라 조나라 백성이 진나라군을 무서워하였고 성의 수비도 허술하여 밀고 들어갈 수 있었습니다. 지금은 성의 수비가 견고해졌고 염파 장군도 건재합니다. 게다가 다른 나라가 조나라를 지원할 것이므로 진나라가 이 전쟁에서 이길 가능성이 없습니다."

백기가 출전을 거부하므로 할 수 없이 소양왕은 왕릉을 파직하고 왕흘에게 병사 10만 명을 더 딸려 한단성을 공략하게 하였다. 왕흘도 다섯 달이 지나도록 성을 정복하지 못하였다.

실제로 성곽의 공략은 속전속결이 어렵고 많은 희생과 물자가 소요된다. 우리는 앞에서 제齊·연燕 전쟁 중 제서전투는 연나라의 승리로 1년 이내에 종식되었지만 즉묵성 함락은 5년이나 끌어도 실패로 끝났던 것을 보았다.

다음 해 소양왕은 또다시 백기(~기원전 257년)를 불렀으나 백기는 이번에도 승산이 없다면서 거부하였다. 왕은 분을 참지 못하고 백기 장군을 사병으로 강등시키고 유배 보내었다.

> 백기는 귀양 가는 길에 자결하라는 왕명을 받았다. 그는 한탄하였다. "장평대전에서 조나라군 40만 명을 무참하게 죽인 죄값을 받는구나. 내가 누구를 원망하겠는가?"

그러잖아도 마음 한구석에서 백기는 포로의 생매장을 꺼림칙하게 여긴 듯하다. 그는 스스로 목숨을 끊으면서 제후들의 윗자리 삼공三公의 지위에 오르는 황금의 기회를 놓쳤고, 그동안의 전투 공로가 한순간에 물거품 되었다. 사람들은 그를 가엾게 여겨 제사를 지내주었다.

진나라의 공세가 거세지자, 조나라는 초나라와 위나라에 구원군을 요청하였는데, 여기에 평원군의 활약이 눈부셨다.

> 평원군은 초나라로 가서 구원군을 요청할 양으로 자기 식객 중에서 수행원을 뽑고 있었는데 난데없이 모수란 자가 나섰다[모수자천毛遂自薦].

'모수자천'은 오늘날 자기소개서에 해당하며, 간혹 '일의 앞뒤도 모르고 주제넘게 나서다'는 부정적 의미로 쓰인다.

평원군은 단번에 거절하였다. "현명한 선비는 주머니 속의 송곳[낭중지추囊中之錐]과 같아서 끝이 금방 드러나 보이는 법이오. 선생은 내 문하에 있은 지 3년이나 되었지만, 누구도 당신을 칭찬한 적이 없었소."

모수가 항변하였다. "저는 오늘에야 당신의 주머니 속에 넣어 달라고 부탁드리는 것입니다. 저를 좀 더 일찍 주머니 속에 있게 하였다면 송곳 끝이 아니라 자루까지 밖으로 나왔을 것입니다."

주머니 속의 송곳 '낭중지추'는 '뛰어난 능력과 재주는 숨기려 해도 저절로 드러난다'는 의미이다. 평원군은 모수가 당돌하였지만 워낙 자신감에 넘쳐 있어 데려가기로 하였다.

조나라의 평원군은 초나라의 수도 진陳에서 고열왕을 만나 여섯 나라의 합종을 역설하였다. 회왕(고열왕의 할아버지) 때 합종을 무너뜨린 원흉답게 초나라는 '합종은 모래알처럼 결속력이 없다'면서 딱 잘라 거절하였다. 이때 모수가 칼자루를 잡고 고열왕 앞에 다가가서 압박하였다.

"천하에 초나라의 강대함에 맞설만한 나라는 없습니다. 그런데도 진나라의 백기 장군처럼 형편없는 자가 초나라와 한 번 싸워 언鄢과 영郢을 빼앗고, 두 번 싸워서 선왕의 능묘[이릉夷陵]를 불사르고, 세 번 싸워서 왕의 조상을 욕보이지 않았습니까? 진나라에 대적하기 위한 합종은 초나라를 위한 일이지 조나라를 위한 일이 아닙니다."

모수의 말은 모두 옳았다. 그의 말대로 초나라가 언영전투에서 패배한 것은 지도층이 자기 소유의 땅만 지켰지 나라를 위해 힘껏 싸우지 않았고 민심도 떠나있었기 때문이었다.

결국 초楚 고열왕은 평원군의 논리와 모수의 압박에 떠밀려 합종을 받아들였다. 모수는 닭과 개와 말의 피를 가져오게 하여 왕과 신하들이 나누어 마시면서 맹세의 의식을 거행하였다.

하지만 고열왕은 진나라에 볼모로 있었던 태자 시절에 그곳 사람과 깊이 사귀었고, 춘신군도 태자를 본국으로 모실 때 재상 범수의 도움을 받은 적이 있지 않은가? 춘신군은 마지못해 구원군을 이끌고 조나라로 향하긴 하지만, 국경 부근에서 지켜볼 뿐 한단포위전에 적극적으로 참전하지 않았다.

조나라의 평원군은 위나라에도 원군을 간청하였다. 위魏 안희왕(소왕의 아들)은 처음에는 진비 장군에게 10만 군사를 주어 조나라를 돕게 하였다. 그런데 진나라가 협박하자 안희왕은 돌변하여 진격을 멈추고 관망세로 돌아섰다. 구원군이 오지 않자, 평원군은 손아래 처남인 위나라의 신릉군을 꾸짖었다.

> "내가 공자와 인척 관계를 맺은 것은 그대가 신의를 중하게 여겨 다른 사람이 위급한 상황에 처한 것을 보면 망설이지 않고 구해줄 것이라 믿었기 때문입니다. 지금 한단은 함락 직전에 놓여 있는데 위나라 구원병은 오지 않습니다. 나와 누이가 불쌍하지도 않습니까?"

신릉군은 위魏 소왕의 막내아들로서 '위무기' 또는 '위공자'라고도 부른다. 그는 위기의 조나라를 방관할 수 없어 안희왕에게 파병을 청원하였으나 번번이 거절당하였다. 할 수 없이 신릉군은 어설프긴 해도 자기 문객과 전차 백여 대로 지원군을 꾸렸다. 그는 실로 의리의 사나이였다.

그때 후영(제6장 '전국사군자의 식객' 참조)이라는 문객이 이런 식으로 적진에 뛰어드는 것은 '굶주린 호랑이에게 고기를 던져 주는' 꼴이라며 꾸짖었다. 그러고는 '병부(군사지휘권을 증빙하는 서류)를 훔쳐 조나라를 구하는' 절부구조竊符救趙의 묘책을 신릉군에게 일러주었다.

진비 장군의 병부는 안희왕의 침실에 있었는데 왕비인 여희를 이용하여 그것을 훔쳐낼 수 있었으며, 여희는 자기 아버지의 원수를 처단할 때 신릉군에 신세 졌으므로 청탁을 거절할 수 없었다. 신릉군은 훔친 병부를 제시하여 진비로부터 지휘권을 빼앗은 후 위나라 병사 8만 명을 이끌고 진나라 진영으로 진격하였다.

그 무렵 조나라 한단성은 진나라군에 포위된 채 올바른 무기도 없고 백성은 굶주려 죽기 일보 직전이었다. 평원군이 수심에 잠겨있으니, 이동李同이라는 병사가 건의하였다. "가지신 재산을 모두 풀어 굶주린 백성과 사졸을 먹이고 특공대를 만드셔야 합니다."

돈을 꽉 그러쥐고 있을 게 아니라 전쟁 경비로 풀도록 설득한 것이다. 병사란 헤어날 수 없는 위험에 빠지면 두려움이 없어지고, 도망갈 곳조차 없다고 생각하면 더욱 단단해지는 법이다. '궁지에 몰린 쥐는 고양이를 문다'고 하지 않는가!

이동李同이 죽음을 각오한 조나라 용사 3,000명을 이끌고 적진을 향해 내달리니 진나라군은 30리 후퇴하였다. 때마침 위나라와 초나라의 구원병이 도착하였으므로 질질 끌어오던 한단포위전(기원전 259~257년)은 진나라군의 퇴각으로 종료되었다.

신릉군은 위나라군을 본국으로 돌려보냈지만, 자신은 그러지 못하고 조나라에 남았다. 위魏 안희왕을 거역하고 병부를 훔치면서까지 조나라에 파병한 그의 의리가 빛난다. 조나라의 철벽 수비는 염파가 있어서 가능하였지만, 진나라군의 철수를 이끈 것은 평원군의 억척스러운 외교였다.

범수의 퇴장

진나라가 한단포위전에서 고배를 들면서 원교근공책의 범수는 어떻게 되었을까? 그 싸움에 군사 2만 명을 이끌고 나갔던 정안평이 신릉군에게 투항하였는데, 진秦 소양왕은 정안평의 가족을 모조리 잡아 죽였다. 그러자 그를 추천하였던 범수도 위태롭게 되었다.

그즈음 채택이라는 자가 본인이야말로 장래의 진나라 재상이라며 호언장담하고 다녔다. 범수는 그를 불러 인재인지 허풍선인지 확인하였다. 채택이 상앙(진秦), 오기(초楚), 문종(월越)을 언급하자 범수는 그들을 영웅호걸이라고 칭송하였다.

> "세 사람이야말로 의義의 극치이자 충성의 절개요. 그래서 군자는 의를 위해서는 죽음을 마다하지 않으며, 살아서 치욕을 겪느니 차라리 죽어서 영예로운 편이 낫다고 생각했소. 선비란 자기 몸을 죽여서 이름을 남기거나 정의가 있는 곳이라면 죽더라도 원망하지 않소. 세 사람은 마땅히 선비의 흠모 대상이오."

채택은 그렇지 않다고 반박하였다.

> "상앙과 오기와 문종은 신하로서는 훌륭했으나 그들의 군주는 그렇지 못했습니다. 세상이 그들을 칭송하나 어찌 불우하게 죽은 것을 부러워하겠습니까? 사람은 공로를 세울 때 완전하기를 바랍니다. 몸과 이름이 모두 온전한 것이 최상이며, 이름은 남의 모범이 될 만하지만 자신은 죽는 것이 다음이고, 이름은 욕되어도 몸이 온전한 것이 최하입니다."

범수는 전적으로 찬동하였고, 채택은 말을 이어갔다.

> "소진과 지백은 욕된 것을 피하고 죽음을 멀리하기에 지혜가 부족하지 않았지만 죽임을 당하였습니다. 이익을 탐하는데 빠져 그칠 줄 몰랐

던 탓입니다. 상앙 · 백기 · 오기 · 문종도 공로를 이룬 후 물러나지 않았기에 재앙을 겪었습니다. 옛글에 '성공했으면 그 자리에 오래 있지 말라'고 했습니다."

범수는 자신의 과욕을 깨달았다. '욕심이 그칠 줄 모르면 하고자 하는 바를 잃고, 가지고 있으면서 만족할 줄 모르면 가지고 있던 것마저 잃는다'면서 채택을 떠받들었다.

범수는 왕에게 채택을 천거하였고, 왕은 그를 객경으로 임명하였다. 그 후 범수는 병을 핑계 삼아 사직하였다. 진秦 소양왕은 채택을 재상으로 삼아 주나라 땅을 손에 넣었고, 채택은 진나라에 10여 년 머물면서 진왕정(진시황)까지 섬겼다.

2. 진시황의 중국 통일

주나라 멸망과 진나라의 중국 통일은 소양왕과 아들 안국군(효문왕), 손자 이인(장양왕)을 거쳐 증손자 조정(진왕정 또는 진시황)에 의해 완성된다. 진왕정秦王政은 3차 함곡관전투에서 초나라의 춘신군이 이끄는 합종군을 격퇴하나, 그 이후 조나라를 과소평가하여 비전투와 번오전투에서 연달아 패배한다. 그는 전열을 가다듬어 10년 만에 중국 통일을 마무리한다.

기원전	전국시대 말기(기원전 280~221년)의 주요 사건 (II)
256	진秦 소양왕이 주나라 왕조를 멸망
253	초楚 고열왕이 수도를 진(기원전 278년)에서 거양으로 옮김
247	하외전투에서 위 · 조 · 한 · 초 · 연의 합종군이 진나라 몽오를 격파
241	3차 함곡관전투에서 진왕정이 합종5국을 격퇴
233	비전투에서 조나라 이목이 진나라 10만군을 섬멸
232	번오전투에서 조나라 이목이 진나라 왕전의 30만군을 격파
225	성보전투에서 초나라 항연이 진나라 이신의 20만군을 격파
230~221	진왕정의 중국통일(한 · 위 · 초 · 조 · 연 · 제나라 멸망)

주나라 멸망

한단포위전(기원전 259~257년)이 위공자(신릉군)의 맹활약으로 진나라군이 조나라에서 철수함으로 끝나자, 다음 해 초楚 고열왕은 그 전투에서 별다른 공을 세우지 못한 것을 만회하기 위해 춘신군을 여러 나라에 보내 주周 난왕의 명을 받들어 함께 진나라를 치도록 설득하게 시켰다.

고열왕은 대군을 이끌고 주나라의 직할 영토인 이궐에 먼저 진을 쳤다. 그런데 군사를 파견한 다른 나라가 고작 연나라뿐 아닌가! 조나라는 오랜 전쟁으로 국력이 고갈되어 여력이 없고, 위나라는 신릉군의 망명으로 국내 사정이 어수선하였다. 제나라는 진나라와 친선 관계이었으므로 진나라 공략을 외면하였다. 초 · 연나라는 싱겁게도 군대를 철수하고 말았다.

진秦 소양왕은 초 · 연나라의 연합군이 그냥 해산한 것을 알고 장수 영규를 보내 주나라의 수도 낙양을 단숨에 토벌하였다. 기원전 256년 난왕이 항복함으로써 주나라는 멸망하였다.

주나라는 기원전 1,046년 이래 790년간을 이어갔으며 중국 역사상 가장 오래 존속한 왕조였다. 소양왕은 이듬해 주周 왕실을 상징하는 구정九鼎을 진나라로 옮기고, 각 나라에 사신을 보내 조공하라고 일렀다.

진왕정과 여불위

〈사기 열전〉 '여불위'(#25)는 소양왕의 아들 안국군(효문왕)이 여불위의 계책에 따라 조나라에 볼모로 가 있던 이인을 적자로 받아들이고, 이인(장양왕)이 한단에서 조정(진왕정)을 낳는 등 일련의 과정을 적고 있다.

여불위(~기원전 235년)는 한韓나라 양책(허난성)의 장사꾼이었다. 그의 집안은 여러 나라를 오가며 물건을 사들여 비싸게 되팔아 천금의 재산을 모았다. 어느 날 그가 황하 북쪽의 상공업 중심지 한단에서 이인을 주의 깊게 지켜보고 말하였다.

> "이 진귀한 재물은 사 둘 만하다."[기화가거奇貨可居]

'진귀한 재물'은 이인異人, 즉 민지 회맹(기원전 279년) 이후 조나라에 볼모로 온 진나라의 왕손을 가리킨다. 오늘날 '기화가거'는 좋은 기회를 놓치지 않고 잡는다거나, 훗날 큰 이익이 예상되는 물건이나 사람에 투자할 때 인용되곤 한다. 여불위가 이인에게서 발견한 미래가치란 무엇일까?

> 여불위는 이인을 찾아가 설득하였다.
> "나는 당신의 가문을 크게 만들어 줄 수 있습니다."
> 이인은 웃으면서 말하였다.
> "당신 가문부터 키운 후 내 가문을 크게 만들어 주시오."

여불위가 대답하였다.
"제 가문은 당신 가문에 기대어 커질 것입니다."

이인은 진秦 소양왕의 태자 안국군의 아들이다. 그는 생모가 남편의 총애를 잃은 데다가 20여 명이나 되는 형제 사이에 끼어 있어 도무지 돋보이지 않았다. 그 당시 진나라가 조나라를 곧잘 공격하였으므로 볼모 신세의 그는 조나라에서도 예우받지 못하고, 본국에서도 그의 목숨이 어찌 되든 개의치 않는 실로 처량한 신세였다.

여불위가 말하였다. "진나라 왕[소양왕]은 늙었고 안국군은 태자가 되었습니다. 그런데 안국군이 총애하는 화양부인에게는 아들이 없습니다. 제가 비록 가진 것은 변변찮지만 당신을 위해 1,000금을 갖고 진나라로 가서 안국군과 화양부인을 섬겨 당신을 후사로 삼도록 하겠습니다."

이인은 머리를 숙이며 말하였다. "당신 계책대로 된다면 진나라를 그대와 함께 나누어 가지도록 하겠소."

여불위는 이인에게 500금을 주어 빈객과 사귀는 비용으로 쓰도록 하고, 자신은 남은 500금으로 진귀한 물건을 사서 진나라 함양으로 출발하였다.

여불위는 태자비(태자의 아내) 화양부인에게 예물을 바치면서 구슬렸다. "이인은 어질고 지혜로우며 천하 제후의 빈객과 두루 사귀고 있습니다. 이인은 늘 '나는 화양부인을 하늘처럼 여기고 밤낮으로 태자와 부인을 사모하여 눈물을 흘린다'고 하소연하였습니다." 화양부인은 흐뭇해하였다. 여불위는 화양부인의 언니에게도 아래와 같이 요청하였다.

"지금 화양부인께서는 태자의 사랑을 받고 있지만 아들이 없습니다. 일찌감치 여러 아들 가운데 현명하고 효성스러운 자와 인연을 맺어 양자로 삼으셔야 합니다. 그래야 남편이 살아있을 때는 존중받으며 귀한 자리에 있고, 남편이 죽은 후에도 양자가 왕이 되므로 권세를 잃지 않습니다.

이인은 둘째 아들이기 때문에 후사가 될 수 없음을 잘 알고 있으며, 그의 생모도 사랑을 받지 못하므로 부인에게 의지할 것입니다. 부인께서 이인을 후사로 뽑는다면 평생 진나라에서 총애를 받을 것입니다."

태자비 화양부인은 여불위의 말을 옳다고 여겼다. 그녀는 이인을 후사로 세우도록 태자 안국군에게 간청하였고, 안국군은 이인을 적자로 인정하여 자신의 뒤를 잇게 하겠다[적사이인嫡嗣異人]는 증표를 써주었다. 안국군 내외는 여불위를 통해 이인에게 많은 물품을 보내고 그를 보살피게 부탁하였다.

이인은 조나라 한단에서 아리따운 조희를 아내로 얻어 기원전 260년 아들 조정(진왕정)을 낳았다. 그들은 한단포위전(기원전 259~257년)의 막바지에 진나라로 탈출하였으며, 안국군은 이인을 맞아 '자초'子楚라는 이름을 지어주었고 여불위를 그의 스승으로 임명하였다.

진秦 소양왕이 죽자 안국군은 효문왕(재위: 기원전 251~250년)으로 즉위하였고 자초(이인)는 태자가 되었다. 그런데 효문왕이 1년 만에 죽자, 자초가 왕위를 계승하였으니 장양왕이다.

장양왕(재위: 기원전 249~247년)은 여불위를 재상으로 삼고 그에게 군사를 주어 동주東周를 멸망시켰다. 이어서 삼진을 공략하여 한나라의 성고와 형양, 조나라의 태원, 위나라의 고도와 급을 빼앗는 등 눈부신 활약을 보였다. 그러나 장양왕 역시 2년 만에 죽고 왕위는 조정(진왕정)에게 넘어갔다.

진왕정(재위: 기원전 246~210년)이 동진東進정책을 맹추진하자, 초楚 고열왕은 다른 제후들과 합종하여 반격하였다. 이른바 3차 함곡관전투

(기원전 241년)에서 진나라는 다섯 나라의 합종군을 물리침으로써 장양왕 때 하외전투(기원전 247년)의 패배를 설욕하였다. 초나라는 기원전 253년에 수도를 진(허난성)에서 거양(안후이성)으로 옮긴 적이 있는데, 이번 함곡관전투의 패배 이후 또다시 수춘(안후이성)으로 천도하였다.

진왕정이 통일 전쟁에 중용한 책사는 초나라 출신의 이사(기원전 284~208년)이다. 〈사기 열전〉 '이사'(#27)는 이사의 행장을 통하여 진나라의 성쇠를 기술하고 있다.

이사는 한비와 더불어 순자에게서 제왕의 기술을 배웠다. 처음에는 여불위를 찾아가 그의 심복이 되었는데, 진왕정에게 유세할 기회를 얻었을 때 이사는 건의하였다.

> "어수룩한 사람은 기회를 놓치지만 큰 공을 이루는 사람은 남의 약점을 차마하며 밀고 나갑니다. 효공 이래 진나라가 상승세를 타고 제후들을 눌러 온 지 벌써 여섯 대(효공, 혜문왕, 무왕, 소양왕, 효문왕, 장양왕)나 되었습니다.
>
> 지금 서둘러 이루지 않으면 제후들이 다시 강대해져서 합종할 터이고, 그러면 대왕 같은 현명한 왕이 있을지라도 천하를 손에 넣을 수 없을 것입니다."

진왕정은 이사를 궁궐 관리의 우두머리로 삼았다. 왕은 이사의 계책을 듣고 모사꾼에게 황금과 주옥을 주어서 제후에게 유세하도록 시켰다.

> 제후국의 유명 인사 중에 뇌물이 먹히는 자에게는 선물을 보내 결탁하고, 말을 듣지 않는 자는 칼로 찔러 죽였으며, 또한 군주와 신하 사이를 이간시키는 계략을 썼다. 진왕정은 훌륭한 장수를 보내 이사의 뒤를 수행하게 하였다.

진나라는 먹이사슬의 최상위 포식자로서 이웃 나라를 하나씩 강탈하였다. 이것은 〈이솝 우화〉 '늑대와 사자', '사자와 들나귀', '늑대와 새끼 양', '늑대와 개의 협상'에서와 같은 방식이었다. 한·위·초·조·연·제의 여섯 나라가 진나라의 속임수, 이간책, 뇌물 또는 무력에 의해 어떻게 쓰러져 가는지 살펴보자.

한·위나라 멸망

진나라는 첫 번째 사냥감으로 국경을 맞대고 있는 한나라를 골랐다. 한나라는 그동안 진나라에 영토 대부분을 빼앗기고 수도 신정과 옛 수도 양책(허난성)만 달랑 남겨 두고 있었다. 신정新鄭은 정나라의 도읍이었는데, 기원전 375년 정나라가 한韓나라에 멸망한 후 한나라의 수도로 바뀌었다. '물에 빠지면 지푸라기라도 잡는다'더니 한韓 안왕은 친족인 한비를 진나라에 사신으로 보내 진왕정을 달래보게 하였다.

한비는 법가法家 이론을 집대성한 사상가이다. 그는 『한비자』에서 인간은 근본이 사악하므로 강력한 법과 형벌로 통제해야 하며, 공자孔子의 이상향을 실현하기 위해서는 강력한 제도가 뒷받침되어야 한다고 주장하였다. 중앙집권적 제국의 체제를 적극적으로 창도한 이 책은 진왕정의 관심을 끌었다. 그렇지만 한비의 동문이었던 이사가 그를 질투하였다.

> "지금 왕께서는 제후들을 삼키려는데, 한나라의 공자 한비는 끝까지 한나라를 위해 일하지 진나라를 위해 일하지 않을 테니 이것은 사람의 마음입니다. 지금 왕께서 그를 그대로 돌려보낸다면 이는 스스로 뒤탈을 남기는 일이므로 죄를 뒤집어씌워 법에 따라 죽이느니만 못합니다."

이사의 간청에 따라 진왕정은 한비(~기원전 233년)를 투옥하였고 독약을 내려 목숨을 끊게 하였다. 전국시대 초기의 손빈을 시기한 방연을 다시 보는 듯하다. 이처럼 질투, 시기 또는 경쟁은 격렬하고, 가혹하며, 잔인할 수 있다.

기원전 230년 진왕정은 남양을 발판 삼아 황하 건너 한나라의 수도 신정을 공격하였고, 한韓 안왕은 속절없이 손들었다. 한나라는 경후(재위: 기원전 408~400년) 이래 안왕(재위: 기원전 238~230년)까지 약 180년간 존속하였다.

다음 목표는 위나라였다. 기원전 225년 진나라가 왕분(왕전의 아들)을 앞세워 침공하자 위魏 가왕은 대량성을 지키면서 제나라에 구원을 요청하였다. 제나라는 수십 년간 진나라와 우호 관계를 유지하며 전쟁을 모르고 지내 온 터라 미적거렸다. 섣불리 위나라를 돕다가 미운털이 박힐지도 몰랐기 때문이다.

진나라 군대가 며칠 동안 맹공을 퍼부었으나 대량성은 꿈쩍 않는 철옹성이었다. 이것은 기원전 275년 위염이 대량성을 포위하였다가 포기한 이유이기도 하였다. 하지만 그때와 달리 위나라는 초楚·조趙·제齊의 어느 쪽으로부터도 구원군을 기대할 수 없는 절체절명의 막다른 길에 몰려 있었다.

진나라의 왕분은 공격을 멈추고 주변 지형을 살폈다. 하천 물줄기를 끌어 도성 아래로 보내었고, 때마침 사흘 밤낮으로 쏟아진 장맛비로 하천물이 불어나 성벽을 무너뜨릴 수 있었다. 최후의 보루였던 대량성은 수몰되었고, 위나라는 멸망하였다. 문후(재위: 기원전 425~387년) 이래 가왕(재위: 기원전 228~225년)까지 약 200년간 존속하였다.

춘신군과 초나라의 패망

이제 진나라는 한나라를 발판으로 초나라를 칠 수도 있고, 위나라를 전초기지로 삼아 조 · 연나라를 공략할 수 있었다. 진왕정은 먼저 초나라를 넘보았다. 기울어 가는 초나라를 지탱해 주는 유일한 기둥은 춘신군 황헐(~기원전 238년)이었는데, 그가 어떻게 비참한 최후를 맞는지 보자.

초楚 고열왕에게는 아들이 없었다. 춘신군이 여러 여자를 왕에게 바쳤지만 끝내 아들이 생기지 않았다. 조나라 사람 이원도 미모의 누이동생을 왕에게 바치려고 하였지만, 아들을 낳지 못하면 총애를 잃을까 우려하였다.

이원은 춘신군을 가까이서 모시는 사인舍人이 되었고 누이를 그에게 바쳤다. 춘신군은 그녀를 애지중지하였다. 얼마 후 그녀가 임신하자, 이원은 그녀와 흉계를 꾸몄다. 이원의 누이가 춘신군을 꾀었다.

> "왕께서 아들이 없어 형제가 왕위를 이으면 당신은 지위가 위태로워지고 뜻하지 않는 재앙을 겪을지도 모릅니다. 그런데 다른 사람은 소첩의 임신을 전혀 모릅니다. 저를 왕에게 바친다면 왕의 총애를 받을 것이고, 만약 하늘이 도와 아들을 낳는다면 당신 아들이 왕이 됩니다. 초나라가 당신의 수중에 들어오는 것과 뜻하지 않게 재앙을 당하는 것 중에서 어느 쪽이 더 좋습니까?"

춘신군은 이원의 누이를 궁궐로 들였고, 고열왕은 그녀를 끔찍이 아꼈다. 그녀가 사내아이를 낳자 왕후와 태자가 되었다. 왕은 이원을 더 귀하게 여겼고, 나랏일을 처리하게 시켰다. 이원은 춘신군의 입에서 비밀이 새어 나올까 염려하여 그를 제거하는 음모를 꾸미었다.

춘신군의 재상 25년째 고열왕(재위: 기원전 262~238년)이 병석에 누웠다. 어느 날 춘신군의 문객 주영이 찾아와서 앞으로 닥칠 복과 재앙에 대해 조심스레 말하였다.

> "왕께서 머지않아 돌아가실 것입니다. 그러면 당신이 어린 군주를 도와 나랏일을 하게 될 것이니 이것은 생각지도 못한 복입니다.
>
> 하지만 당신이 있으면 이원이 권력을 잡을 수 없으므로 당신을 적으로 여길 것입니다. 왕이 죽으면 그가 궁궐로 들어가 권력을 잡고 당신을 죽일지도 모릅니다. 이것은 생각지도 않은 재앙입니다."

춘신군이 대처 방법을 물으니, 주영이 그에게 바싹 다가가 속삭였다. "저를 낭중으로 임명하십시오. 왕이 죽으면 제가 궁궐로 쳐들어오는 이원을 잡아 죽이겠습니다." 춘신군은 그럴 수 없다면서 주영의 말을 들은 척하지 않았다. 주영은 자기의 주장이 무시되자 닥칠 재앙이 두려워서 달아났다.

그로부터 열이레 뒤에 고열왕이 죽었다. 이원은 미리 궁궐로 들어와 병사들을 숨겨놓았고, 그들은 입궁하는 춘신군을 찔러 죽였다. 물론 춘신군의 집안사람도 무사하지 못하였다. 고열왕의 아들은 유왕이 되었고, 나중에 애왕(유왕의 동생)이 그 뒤를 이었으나 부추왕에 의해 죽임을 당하였다.

초나라는 진나라의 오랜 우방이었으나 춘신군의 사망 이후 진나라의 약육강식 앞에서는 예외가 아니었다. 진왕정이 초나라를 치게 하려는데, 두 장군 왕전과 이신은 엇갈린 전략을 내놓았다. 전국시대 4대 명장에 속하는 왕전은 60만 명이 필요하다고 하였고, 이신은 20만 명이면 충분하다고 큰소리쳤다.

군사 60만 명은 마음만 먹으면 반란을 일으켜 나라를 뒤엎을 수 있는 최대규모이다. 진왕정은 왕전 장군이 늙고 겁 많다고 나무라며 이신 장군에게 정벌군을 맡겼다.

이신의 20만 대군은 성보전투(기원전 225년)에서 초나라의 항연에게 참패하였고, 진나라는 그동안 빼앗았던 땅 대부분을 게워놓아야 하였다. 초나라는 쇠락하였어도 손쉬운 상대가 아니었던 게다. 다음 해 진왕정은 왕전에게 사과하고 그제야 60만 대군을 허락하였다.

> 진왕정이 전송하러 나오자 왕전은 훌륭한 논밭과 택지와 정원과 연못을 내려 달라고 왕에게 요청하였다. 그동안 전공이 많았지만 끝내 후候로 봉해지지 않았기 때문이다. 또 왕이 진나라 군사 모두를 자기에게 맡겼으니, 내가 재물 이외에는 다른 뜻이 없음을 보여 자신을 안전하게 지키기 위한 것이기도 하였다.

진나라의 왕전은 초나라로 진격하였다. 처음에는 진지를 구축하여 굳게 지킬 뿐 항연의 초나라군이 싸움을 걸어와도 맞대응하지 않았다. 먼 거리를 이동해 온 병사를 쉬게 하고 잘 먹여 정성껏 보살폈다. 왕전은 이길 수 있는 상황이 조성될 때까지 여유롭게 기다렸다.

초나라의 항연은 적군이 싸울 의도가 없다고 방심하였다. 초나라군이 동쪽으로 물러나자, 왕전은 이때를 노려 급습하였다. 기전투(기원전 223년)에서 항연이 죽고 초나라군은 완파되었으며 초나라는 멸망하였다. 웅역(기원전 11세기) 이래 부추왕(재위: 기원전 227~223년)까지 대략 780년 존속하였다.

조·연·제나라 멸망

진왕정의 네 번째 먹잇감은 조나라였다. 장평대전에서 초토화되었더라도 조나라의 군사력은 호락호락하지 않았다. 과거에 염파의 조나라는 초나라를 능가한다고 평가된 적도 있다. 이목은 염파와 더불어 조나라를 대표하는 명장인데 비전투(기원전 233년)에서 진나라의 10만 군을 섬멸하였고, 번오전투(기원전 232년)에서 왕전의 30만 군도 격파한 바 있다.

기원전 228년(진왕정 19년)에 왕전이 공략하였으나, 이목 장군은 회천산에 진을 치고 조나라를 굳건하게 지켰다.

> 진나라는 이목의 방어선을 뚫지 못하자 반간계를 썼다. 조趙 유무왕의 총애를 받는 정승 곽개를 매수하여 이목이 진나라와 내통한다는 헛소문을 퍼뜨렸다.

반간계는 가짜 정보로 적을 현혹하여 무너지게 하는 계략으로서 장평대전에서 조나라의 염파가 대장의 지위에서 내쫓긴 것도 이 때문이었다. 그때 곽개는 염파를 오줌싸개로 몰아 조나라로 돌아오지 못하게 하였다. 이목이 전략상 철통같은 방어 전략을 펼쳤을 뿐인데, 조趙 유무왕은 이번에도 곽개의 간사한 말만 믿고 이목을 파직하고 조총과 안취에게 군대를 넘겼다.

이목은 분개하여 밤에 병부를 걸어둔 채 진영을 떠나며 글을 남겼다. "장수가 전쟁터에 나가면 임금의 명령도 따르지 않을 때가 있다. 나는 애송이 같은 조총에게 중책을 맡길 수 없다." 조총은 곧바로 뒤쫓아가 이목을 죽였다. 이목이 제거되자 진나라의 왕전은 곧바로 대대적인 공세를 퍼부었다. 이 싸움에서 조총은 죽고 안취는 한단으로 달아났다.

조趙 유무왕은 한단에서 버티다가 굴복하였다. 왕족인 조가(가왕)가 북쪽 변경의 대代로 대피하여 항전하다가 6년 후 죽고, 결국 조나라는 기원전 222년에 멸망하였다. 열후(재위: 기원전 408~400년) 이래 가왕(재위: 기원전 227~222년)까지 180여 년 존속하였다.

진나라는 남방의 초나라와 중원의 삼진三晉을 모두 삼킨 후 다섯째로 연나라를 겨냥하였다. 연나라의 태자 단丹은 제6장의 '자객 섭정과 형가'와 같이 진왕정의 암살을 주도면밀하게 계획하였고, 그와 의기투합한 자객 형가는 진왕정을 만나 그를 찔렀으나 죽이지는 못하였다.

암살미수 사건은 진왕정을 분노하게 하였고 그는 곧바로 연나라를 공략하였다. 기원전 226년 왕전과 신승은 열 달 만에 수도 계성을 함락하였다. 요동(랴오닝성 동남부)까지 도망간 희왕(재위: 기원전 254~222년)은 아들의 목을 바치면서 용서를 빌었으나 아무런 소용이 없었다. 연나라는 기원전 222년에 망함으로써 강공 이래 희왕까지 대략 780년 존속하였다.

마지막으로 진나라와 호형호제하다가도 막상막하였던 제나라를 보자. 제齊 건왕은 재위 40년 동안 전쟁 경험이 거의 없었다. 어머니 군왕후의 주선으로 주변국과 원만한 관계를 유지한 데다가 범수의 원교근공책에 따라 진나라와 우호 관계를 줄곧 이어온 탓이다. 군왕후가 죽은 후 조·위나라가 진나라의 침공을 받자 구원을 요청해 왔을 때도 제나라는 진나라의 뇌물을 받은 정승 후승의 주장으로 번번이 거절하였다.

기원전 221년 왕분은 조·연나라를 공격했던 군사를 그대로 이끌고 제나라를 덮쳤다. 항복하면 500리의 땅을 주고 조상의 제사도 모실 수 있다고 회유하자 제齊 건왕은 나라를 송두리째 진나라에 바쳤다.

제齊 건왕과 왕족은 태항산 산골의 공현에 유배되었는데, 그곳은 땅이 척박하여 모두가 굶어 죽었다. 제나라 유민은 '송백가'를 지어 건왕의 최후를 슬퍼하였다.

> 소나무인가 잣나무인가
> 굶주려도 먹을 수 없는 것들
> 누가 이 사람을 이 지경으로 만들었나
> 간신 말 믿었으니 슬퍼한들 무엇하리

제나라는 강태공(여상) 이래 건왕(재위: 기원전 264~221년)까지 약 780년 존속하였다. 진왕정(진시황)은 기원전 221년에 통일 과업을 완결하였고 전국시대는 막을 내렸다. 그는 조나라 왕에게서 빼앗은 화씨벽으로 국새(왕실의 인장)를 만들었는데, 거기에 '하늘에서 받은 나라의 운명이 길고도 번창한다'고 새겼다. 오늘날 중국의 명칭 '차이나'China는 '진'秦(Qin)에서 유래한다.

진시황의 분서갱유

분서갱유는 진시황이 사상통제의 일환으로 일부의 책을 제외한 모든 서적을 불태우고[분서焚書] 수백 명의 유생을 생매장[갱유坑儒]한 사건을 가리킨다.

기원전 213년 진시황이 함양궁에서 큰 연회를 베풀었을 때 박사 순우월과 복야 주청신이 봉건제와 군현제를 놓고 언쟁을 벌였다. 순우월이 봉건제 부활을 주장하자, 황제는 재상 이사에게 검토하게 시켰다.

이사는 봉건제를 반대하였다. 주나라가 왜 멸망하였는지를 구체적으로 설명하고 강력한 군현제의 시행을 주장하였다. 조정에서 지방관아로 관리를 직접 파견하여 중앙에서 지방관을 통제하도록 하였고, 지방관의 근무 태도나 비위 행위를 감찰하는 관리를 파견하도록 건의하였다.

진나라가 군현제를 채택하였음에도 유학자 가운데는 주나라의 봉건제를 찬미하고 진시황의 정치를 비방하는 자가 있었다. 이사는 유학자의 저서를 모아 불사르도록 진언하였다.

> "폐하께서는 천하를 통일하고 오직 황제 한 분만 있도록 정했습니다. 그런데 학문하는 자들은 만들어진 법과 제도를 허망한 것이라 비판합니다. 그들은 군주의 비방을 명예로 여기고 다른 주장을 고상한 것으로 여겨 그들을 따르는 사람들을 이끌어 비방을 일삼고 있습니다.
>
> 신은 청컨대 모든 문학과 『시』, 『서』, 제자백가의 책을 가지고 있는 자는 이것을 없애도록 하고, 금지령을 내린 지 30일 지나도 없애지 않는 자는 처벌해야 합니다."

진시황은 이사의 제안이 옳다고 여겨 진나라의 역사와 의술, 농경 등에 관한 책 이외 모든 서적을 불태우게 하였다. 다음 해 유생인 후생侯生과 노생盧生이 진시황의 잔혹한 통치를 비판하자 황제가 분통을 터뜨리며 유학자들을 생매장하였다. 기원전 213년과 212년에 일어난 두 사건을 합쳐 분서갱유焚書坑儒 또는 분갱焚坑이라 부른다.

진시황은 중국 대륙의 대혼란을 종식시킨 유능한 군주였으나 이 사건 하나로 인해 폭군이라는 딱지가 붙었다. 그때 불태워졌으나 오늘날까지 남아 전하는 제자백가의 책과 사상을 다음의 제4장에서 들여다보기로 하자.

제4장

중국 고대의 사상가

1. 공자 · 맹자 · 순자 · 묵자

   공자의 인의예지 / 맹자의 사단 / 순자의 성악설 / 묵자의 겸애

2. 노자 · 장자 · 한비

   노자의 무위자연 / 장자의 무용지용 / 한비의 유세론

춘추전국시대는 사회적 혼란을 타개하기 위하여 다수의 사상가[제자諸子] 및 학파[백가百家]를 배출하였다. 여러 학파(사상가)에는 앞에서 집중적으로 다루었던 합종연횡가(소진, 장의) 이외에 유가(공자, 맹자, 순자), 묵가(묵자, 고석자, 자금자), 도가(노자, 장자), 법가(상앙, 한비) 등이 있다. 각 학파를 대표하는 아래 7명에 대하여 훑어보고자 한다.

백가	제자	생몰(기원전)	출신지	비고
유가	공자	551～479	노나라(산둥성)	인의예지, 『논어』
	맹자	372~289?	추나라(산둥성)	사단, 성선설, 『맹자』
	순자	298?~238?	조나라(산서성)	성악설, 『순자』
묵가	묵자	470～391?	송나라(허난성)	겸애, 『묵자』
도가	노자	6세기~5세기	초나라(후베이성)	무위자연, 『도덕경』
	장자	369?~286	송나라(허난성)	무용지용, 허정, 『장자』
법가	한비	280?~233	한나라(허난성)	유세론, 법치, 『한비자』

1. 공자 · 맹자 · 순자 · 묵자

공자의 인의예지

사상가들은 여러 나라를 돌아다니며 유세하거나 제후들을 위해 일하였다. 통치 계급 말단의 사士는 제후나 대부가에 발탁되어 정치에 관여하였는데, 제자백가諸子百家의 선구자인 공자(중니)도 한때 그러하였다. 〈사기 열전〉 '중니제자'(#7)는 여러 나라를 떠돌았던 공자孔子와 77명의 제자를 다루고, '유림'(#61)은 유학의 역사적 발전 과정을 기술하고 있다.

공자(기원전 551～479년)는 춘추시대 후반기의 노나라 출신이다. 그는

30세에 학문의 기초를 확립하였다[삼십이립三十而立]. 은행나무가 있는 언덕에 축대[행단杏壇]를 쌓고 거기에서 하루에 한 차례 강의하였다. 그때의 주요 제자는 자로, 염구(염유), 안로, 증석 등이다.

자로와 염구는 정치에 뛰어난 제자이다. 그들은 '1,000호 되는 고을과 전차 100대를 가진 대부의 집에서 부세를 다스릴 수 있다'고 공자가 평가한 인물이다.

> 염구가 공자에게 물었다. "의로운 일을 들으면 바로 행해야 합니까?" 공자가 말하였다. "행해야 한다." 자로가 같은 질문을 하였다. 공자가 대답하였다. "아버지와 형이 계신 데 어찌 들은 것을 바로 행하겠는가?"
>
> 옆에서 듣고 있던 자화가 의아해하였다. "어째서 같은 질문에 달리 대답하십니까?" 공자가 설명하였다. "염구는 머뭇거리는 성격이므로 앞으로 나가게 해 준 것이고, 자로는 다른 사람을 이기려 하므로 물러나게 한 것이다.

자로가 위衛나라 포 지방의 대부가 되어 작별 인사를 하러 왔을 때 공자는 정치하는 방법을 그에게 가르쳐주었다.

> "포 지방은 힘센 자가 많고 다스리기 어려운 곳이다. 네가 몸가짐을 겸손하게 하면 그 지방의 힘센 자들을 다스릴 수 있을 것이고, 너그럽고 올바르면 그곳 백성을 따르게 할 수 있을 것이며, 공손하고 바르게 정치를 하여 그곳을 안정시키면 임금의 은혜에 보답할 수 있을 것이다."

공자는 40세 때 외부 자극에 흔들리지 않고 사상적 기초를 확립하였다[사십이불혹四十而不惑]. 노魯 소공이 망명 중에 진나라에서 죽자, 계손의여가 소공의 아우 송을 옹립하였는데 그가 바로 정공이다.

> 노魯 정공 5년에 계손의여가 죽자, 그의 가신이었던 양호가 계손씨의 아들 계환자를 죽이고 노나라의 정치를 독점하였다. 양호가 공자를 발탁

하려 하였지만, 공자는 만나 주지 않았다. '의롭지 못하면서 부자가 되거나 귀하게 되는 것을 뜬구름같이 생각'하였기 때문이다.

세상일에 현혹되어 판단을 흐리는 일이 없었으니, 스스로 판단하고 자신의 길을 가게 되었다.

그리고 공자는 50세에 천명을 알고[오십이지천명五十而知天命], 60세부터 어떤 일에서나 분명히 시비를 가려 따라갈 수 있으며[육십이이순六十而耳順], 70세에 '마음 가는 대로 해도 법도를 벗어나지 않는다'[칠십이 종심소욕 불유구七十而 從心所慾 不踰矩]고 하였다. 71세 되던 해 노나라의 곡부 서쪽 들판에서 기린이 사냥꾼에 잡혔다는 소문을 듣고 공자는 '나의 도道는 이제 끝났다'면서 편찬 중이던 『춘추』를 끝낸 후 다시는 붓을 잡지 않았다. 기원전 479년 그는 73세로 세상을 떠났다.

공자가 죽은 후 제자들이 공자의 언행을 모아 펴낸 것이 『논어』이다. 제자들은 제후의 스승(전자방, 단간목 등)이 되거나 경상 또는 사대부의 친구(자로, 자장, 담대자우, 자하, 자공 등)가 되기도 하였지만, 어떤 이(원헌 등)는 숨어 살며 벼슬에 나오지 않았다.

공자는 예禮문화를 발전시켜 유학의 기초를 닦았다. 인간의 운명은 불변인 게 아니라 수양하면 어느 정도 바꿀 수 있다고 생각하여 독자적인 예문화의 기초를 형성하였다. 인간은 인의예지仁義禮智의 도덕적 가치를 가지고 태어났으므로 인仁으로 수양하고, 예禮로 행동하라고 가르쳤다. 인仁의 중요성은 공자가 말년에 아꼈던 제자 자하와의 대화에 잘 드러난다.

어느 날 자하가 공자에게 물었다. "'고운 미소에 팬 보조개, 아름다운 눈에 또렷한 눈동자, 흰 바탕에 여러 색깔을 칠했구나?'라고 하셨는데 이것은 무슨 뜻입니까?"

공자가 대답하였다. "그림 그리는 일은 흰 바탕 이후의 일이다." 자하가 여쭈었다. "예禮는 인仁보다 나중에 온다는 것입니까?"

유학을 공부하였던 윤세주는 공자의 인仁 또는 사랑을 소중하게 여겼다. 열성적 조선의용대원 중에는 민족혁명에 매몰되어 사랑을 희생시킨 이가 적지 않았다. 이화림과 김학철의 경우를 보자.

이화림(1905~1999년)은 1935년 늦가을의 어느 날 윤세주가 민족혁명당(창당 1935년 7월 5일)을 위해 중국 광동성 광주에서 강연하였을 때 청년 당원으로 가담한 여인이다.

"내가 한국에서 천신만고 끝에 중국으로 온 건 작은 가정의 행복을 위한 것도 아니고, 내 개인의 원한을 위해서도 아니었다. 내 심장을 불태우고 있었던 것은 한국인의 해방이었다. 나는 조국을 위해 개인의 모든 것을 포기할 수 있었다."

그녀는 남편과 헤어진 후 나중에 조선의용대 부녀대의 박차정 대장 아래 부대장이 되어 활동하였다.

김학철(1917~2001년)은 조선의용대 창설(1938년)을 앞두고 중국 국민당의 중앙육군군관학교 성자분교 특별훈련반(황포군관학교 제13기)에 입교할 즈음 헝가리의 애국 시인 페데피의 시를 애송하던 청년문학도이었다.

사랑이여 / 그대를 위해서라면 / 내 목숨을 바치리 /
하지만 사랑이여 / 자유를 위해서라면 / 내 그대마저 바치리

자신의 목숨뿐 아니라 '사랑'까지도 민족혁명을 위해 바친다니 얼마나 무시무시한가? 자유가 우리 인생에서 최고 가치라지만 사랑을 이처럼 쉽게 포기할 수 있을까? 사랑은 삶의 활력소이며, 그것을 잃으면

사람으로서의 품격을 갖추기 어렵기 때문이다.

석정 윤세주는 남녀의 사랑을 소중히 여겼다. 아무리 혁명사업에 바쁘더라도 사생활을 외면하지 말 것을 강조하면서 이화림에게 이집중(이종희)을 소개하고 결혼을 주선하였다. 이집중은 석정과 더불어 조선혁명간부학교 교관이었는데, 조선의용대 창립(1938년 10월 10일) 기념 사진에서 약산과 석정 사이의 헌칠한 남자이다.

맹자의 사단

맹자孟子는 전국시대 초기와 중기의 추나라(산둥성) 출신이다. 어려서 아버지를 잃고 편모가정에서 자랐으나 어머니가 그를 훌륭하게 키우기 위해 이사를 세 번이나 하였다는 '맹모삼천지교'孟母三遷之教로 우리에게 잘 알려져 있다.

맹자는 공자에 버금가는 성인으로 평가되지만 〈사기 열전〉 '맹자순경'(#14)은 그를 한쪽 분량으로 다루는 데 그쳤다. 상세한 것은 그의 언행을 기록한 『맹자』를 부분적으로 참고할 수 있다.

맹자는 인간의 성품이 본래 착하다는 성선설性善說을 주장하였다. 인성의 내용은 인仁 · 의義 · 예禮 · 지智의 네 가지 덕목[사단四端]으로 설명된다.

> 어린아이가 물에 빠져 허우적거리는 것을 보면 누구나 놀라고 불쌍히 여기는 마음[惻隱之心]이 생긴다. '측은지심'은 인仁의 단서이다. 악행을 부끄러워하고 미워하는 마음[羞惡之心]이 없다면 사람이 아니며, '수오지심'은 의義의 단서이다. 칭찬을 사양하는 마음[辭讓之心]이 없으면 사람이 아니며, '사양지심'은 예禮의 단서이다. 그리고 옳고 그름을 가리는 마음[是非之心]이 없으면 사람이 아니며, '시비지심'은 지智의 단서이다.

여기에서 사단은 '인간의 의식이나 생각이 개입된 판단에 의해 이루어진 도덕적 행위를 말하는 게 아니라, 의식을 초월해 밑바닥에서 흐르고 있는 인성의 움직임 그 자체를 가리킨다.' 맹자는 이에 기초하여 사람이 지켜야 할 다섯 도리[오륜五倫]를 정리하였다.

부모와 자식 사이에는 사랑이 있고 (부자유친父子有親)
임금과 신하 사이에는 의리가 있으며 (군신유의君臣有義)
부부 사이에는 각자의 본분이 있고 (부부유별夫婦有別)
어른과 아이 사이에는 차례가 있으며 (장유유서長幼有序)
친구 사이에는 믿음이 있어야 한다 (붕우유신朋友有信)

맹자는 의義를 인仁과 같은 위치에 둠으로써 공자의 사상을 보완하였다. 만약 권력자가 사람답지 못한 행동을 해서 백성을 크게 괴롭힌다면, 백성은 그를 끌어 내려도 된다고 주장하였다. '권력자는 백성들을 위해 정치해야 하고, 백성은 부당한 권력을 휘두르는 권력자에게 저항한다'는 의로움[義]은 사람다움[仁]을 지키기 위해 마땅히 가야 할 길로 여겼다.

맹자의 왕도론王道論을 보면 농사에 방해되는 노역이나 전쟁을 벌이지 않고 민생 안정을 우선 꾀하며 도덕교육을 행하여 인륜의 길을 가르치면 천하 사람들은 기뻐하여 심복하고 귀일한다고 하였다.

맹자는 제齊 선왕(민왕의 아버지)을 섬기려 하였으나 왕은 맹자의 사상을 입으로만 찬성하고 실행하지 않았다. 맹자가 제나라를 떠나려 하자 왕은 높은 지위와 녹봉의 회유책을 썼고, 이에 맹자는 자신의 이상을 펼칠 수 없는 상황에서 어찌 부귀를 독점하겠느냐면서 '농단'의 고사故事를 들어 거절하였다.

『맹자』 '공손추장구'에 나오는 농단壟斷은 '깎아지른 듯 높이 솟아오른 언덕'을 뜻한다.

> 어느 욕심 많은 장사꾼이 근처의 높은 언덕에 올라가 시장터를 내려다보았다. 시장터에서 가장 좋은 자리를 골라 차지하고 물건을 사 모은 뒤 독점적으로 비싸게 파는 수법으로 폭리를 취하였다. 사람들은 그 장사꾼을 비난하였고 시장 관리가 그에게 많은 세금을 물린 것을 계기로 장사꾼에게 세금을 징수하는 제도가 정착되었다고 한다.

군주가 인의仁義를 중시하지 않고 이익을 앞세우면 신하나 부모 형제도 이익 때문에 서로 싸우게 될 것이다. 농단은 오늘날 '국정농단', '사법농단', '의료농단' 등으로 잘 알려져 있는데, 좋은 자리를 차지하여 이익이나 권력을 독차지하는 것을 일컫는다.

다음으로 맹자는 위魏나라로 갔다. 그때 혜왕은 석문산전투(기원전 364년), 계릉전투(기원전 354년), 마릉전투(기원전 342년)의 참패에 잇달아 군사적 요충지인 서하의 700리 땅마저 진나라에 빼앗긴 것에 통분하고 있었다. 그가 '철저히 복수하고 싶은데 어쩌면 좋을지' 물으니 맹자는 아래와 같이 자문하였다.

> "사방 100리의 땅으로도 왕이 될 수 있습니다. 백성에게 형벌과 세금을 줄여주고 깊이 갈고 자주 김매게 하고, 장년들은 한가한 날에 효제충신孝弟忠信을 닦게 한다면, 몽둥이만 만들어 들려주어도 진나라와 초나라의 견고한 갑옷과 예리한 병기를 물리칠 수 있습니다."

'효제충신'은 부모에 대한 효도, 형제의 우애, 임금에 대한 충성, 벗 사이의 믿음을 통틀어 이른다. '어진 사람에게 적이 없다'[인자무적仁者無敵]는 식의 부국강병책으로 과연 합종연횡의 높은 파도를 넘을 수 있을까?

덕치德治를 부르짖는 맹자의 유세는 전쟁을 일삼던 전국시대의 군주에 먹혀들 리 만무하였다. 초·위나라는 오기를 통해 영토 확장을 이루었고, 진나라는 상앙을 등용하여 부국강병을 추구하였으며, 제나라는 손빈·전기를 기용하여 세력을 넓혔다. 맹자의 주장은 현실과 너무 동떨어져 있어 군주의 외면을 받을 수밖에 없었고, 그는 정치에서 물러나 '천하의 인재를 얻어서 교육하는' 등의 군자삼락君子三樂에 만족해야 하였다.

순자의 성악설

순자荀子는 전국시대 말기의 조나라 사람이다. 그는 한때 제나라 열대부의 우두머리로 일하기도 하였으나 초나라의 춘신군에게 발탁되어 난릉(산둥성) 현감으로 봉직하면서 제자 양성과 저술에 전념하였다. 법가를 대표하는 한비와 이사가 그의 문하생이었다.

순자(순경)의 말과 글을 모아놓은 『순자』는 '권학', '불구', '왕제', '성악' 등 총 32편으로 구성되어 있다. '성악'性惡 편은 맹자의 성선설性善說에 반대하여 인간은 본래 악惡하며 유가의 경전을 배우고 예禮를 지켜서 이러한 성품을 변화시키고 극복하여야 인격이 완성된다는 성악설性惡說을 제기하였다.

> 인간은 태어나면서부터 이익을 좋아하며 그에 따라 쟁탈이 생기고 사양하는 마음이 없어진다. 잔학과 해침이 생기고 충성과 신의는 없어진다. 악한 본성을 바르게 하고 사회질서를 유지하기 위해서는 예禮를 정할 필요가 있다. 사람의 선善은 후천적으로 예의를 배워 익힌 결과이다.

순자는 인仁보다 규범으로서의 예禮를 중시하였다. 그것이야말로 인간의 사회나 정신뿐만 아니라 자연계에도 통하는 법法이라고 하였다.

예와 법의 동일시는 사회질서 이념으로서 법의 의의를 높여 법가法家의 사상적 기반을 제공하였다.

그는 인간의 악한 본성을 방치하면 사회가 혼란해지므로 교육을 통하여 악한 본성을 교화시켜야 한다고 하였다. 『순자』 '권학'勸學(학문을 권함) 편을 보자.

> 군자가 이르기를 '배움은 그만둘 수 없는 것'이라 하였다. 푸른 물감은 쪽풀에서 얻은 것이지만 쪽풀보다 더 푸르고[청출어람 청어람靑出於藍 靑於藍], 얼음은 물이 변한 것인데도 물보다 더 차다.
>
> 나무가 곧아 먹줄에 맞아도 불로 구부려 바퀴로 만들면 컴퍼스에 들어맞는다. 그 나무를 뙤약볕에 말려도 펴지지 않는 것은 불을 이용해 굽혀놓았기 때문이다.
>
> 나무는 먹줄을 만나면 곧아지고, 쇠는 숫돌을 만나 날카로워지며, 군자는 두루 배우고 날마다 반성하면, 지혜는 밝아지고 행동에 허물이 없어진다.

'청출어람'은 흔히 선생보다 더 기량이 뛰어난 제자를 가리킬 때 쓰인다. '불구'不苟(구차하지 않음) 편은 정치의 근본으로서 성誠, 즉 성실을 강조하였다.

> 성인은 지혜롭지만 성실하지 않다면 천하의 백성을 변화시킬 수 없으며, 아버지와 자식은 친하지만 성실하지 않으면 멀어지고, 군주는 사람들이 우러러보지만 성실하지 않다면 비천해진다.

다시 말해 정치인은 예禮를 행할 때 성실해야 한다는 것이다. 다음으로 '왕제'王制 편에서 '군주는 정치의 근본이 백성에게 있음을 알아야 한다'는 군주민수君舟民水를 보자.

> "전해지는 말에 '임금은 배이고, 백성은 물이다. 물은 배를 띄우기도

하고, 물은 배를 뒤집기도 한다'는 것은 이것을 말하는 것이다. 군주가 아무 탈 없이 지내고자 한다면, 정치에 사사로움이 없게 하고 백성을 사랑하는 것보다 나은 것이 없다."

순자는 진秦 소양왕을 만난 적이 있다. 소양왕은 조나라의 40만 대군을 생매장하고 초楚 회왕을 억류하여 죽였으며 주나라를 멸망시키는 등 집권 60년 동안 인덕仁德과는 동떨어진 정치를 하였다. 왕이 물었다. "유학을 공부하는 선비는 나라에 무익하지 않습니까?" 순자가 대답하였다.

"중니(공자)가 노나라의 사구(재판관)가 되려 하자 그 나라의 사기꾼과 음란한 자들이 행동을 바꾸었다고 합니다. 유학을 공부하는 선비가 조정에 있으면 정사를 아름답게 하고 아래에 있으면 풍속을 아름답게 합니다."

순자는 소양왕에게 어떤 영향을 주지 못하였다. 군주의 관심이 덕치德治에 있지 않고 영토 확장에 쏠려 있었기 때문이다.

묵자의 겸애

송나라의 묵자墨子는 춘추시대 말기에서 전국시대 초기에 걸쳐 살았다. 그는 공자와 노자를 비판하면서 겸애, 상현, 절용, 비공 등을 가르쳤다. 묵자의 사상을 집대성한 책 『묵자』에는 오늘날 53편이 전하는데, 주요한 것은 상현尙賢부터 비명非命에 이르는 23편에 수록되어 있다.

겸애兼愛는 묵자의 중심사상이다. '세상의 혼란은 사람들이 서로 사랑하지 않기 때문이다.' '귀천, 빈부, 신분, 혈연, 지역에 상관없이 모든 이를 똑같이 사랑하라.'

천하의 사람들이 서로 사랑하지 않는다면 강한 자는 약한 자를 누르고, 부자는 가난한 사람들을 업신여기며, 귀한 사람들은 천한 사람들을 깔보고, 사기꾼은 어리석은 사람을 속이게 될 것이다. 무릇 천하의 재앙과 찬탈과 원한이 일어나는 까닭은 서로 사랑하지 않기 때문이다. 그래서 어진 사람들은 그것을 비난하는 것이다.

어떻게 그것을 고칠 수 있겠는가? 자묵자가 말하였다. "모두 서로 사랑하고 서로 이롭게 하는 방법으로 한다." 그렇다면 그것은 어떻게 하는 것인가? 자묵자가 말하였다. "남의 나라 보기를 제 나라 보듯이 하고, 남의 집 보기를 제 집 보듯이 하고, 남의 몸 보기를 제 몸 보듯이 하라."

겸애를 실현하기 위해서는 어진 사람이 나라를 다스려야 한다. 상현尙賢은 어진 사람을 존경하라는 뜻이다. 관리를 임용할 때 신분이나 직업에 차별하지 않고 널리 개방하여 등용해야 한다. 상고시대의 성왕은 자질에 따라 인재를 썼다.

"성왕의 시대에는 덕행으로 벼슬자리에 올라가고, 관직에 따라 일을 맡아 하며, 노고에 따라 상이 결정되었으며, 공로를 헤아려 녹봉이 분배되었다. 그러므로 관직을 얻었다고 해서 항상 부귀하지 않았고, 백성이라도 끝내 천하지는 않았다. 유능하면 등용되었고, 무능하면 물리쳐졌다. 공정한 의로움에 의해 등용하되 사사로운 원한은 물리쳤다."

절용節用은 의식주와 관련하여 절약하고 아껴 쓰는 것이다.

"쓸데없는 소비를 없애는 것이 성왕의 도이며 천하의 가장 큰 이익이다."

통치자도 백성처럼 검소하게 생활해야 한다. 그 모범으로서 춘추시대의 손숙오(초楚), 안영(제齊), 구천(월越) 등을 들 수 있을 것이다. 특히 장례 의식을 간소화하여 백성이 나은 삶을 살 수 있게 해야 한다. 유교에서는 부모가 돌아가시면 3년 상을 하고 장례를 성대하게 치르는 것을 효도라고 여긴다.

> 성대한 장례는 지금까지 모은 재물을 땅속에 묻어버리는 것이다. 오랫동안 상을 치르면 그동안 일하는 것이 금지된다. 이것은 농사짓기를 금하면서 수확하려는 것과 같다.

과도한 장례는 국가와 사회의 재물을 낭비하고 사람들의 생활과 건강을 해치게 한다.

송나라의 묵자는 비공非攻 즉 반전주의자였다. 땅을 뺏기 위해, 약탈하기 위해 다른 나라를 공격하지 말라고 하였다.

> "천하의 왕공대인사군자王公大人士君子가 진정으로 천하의 이익을 일으키고 천하의 해害를 제거하려고 하지만, 빈번하게 공격한다면 이것은 천하의 큰 해악이다. 지금 인의仁義를 행하고 훌륭한 선비를 구하고자 하며, 위로는 성왕의 도道에 부합하고 아래로는 국가와 백성의 이익에 부합하고자 한다면 비공非攻의 설說에 대해 잘 살피지 않으면 안 된다."

묵자는 초나라의 공격을 막는 데 아홉 차례나 나섰으며, 묵수墨守, 즉 '굳게 지킨다'는 말이 여기에서 유래하였다. 그러나 그의 평화공존론은 통일 전쟁의 대세를 거스르는 것이었다.

2. 노자 · 장자 · 한비

노자의 무위자연

사마천은 〈사기 열전〉 '노자한비'(#3)에서 한漢나라 초기의 지배적 사상으로 도가의 노자와 법가의 한비를 한데 묶어 기술하였다. 노자老子는 초나라 출신으로 공자와 비슷한 시기를 살았다. 노자가 주나라 장서실의 사관으로 일하고 있을 때의 일이다. 공자가 예禮에 대해 묻자, 노자가 대답하였다.

> "내가 듣건대 훌륭한 상인은 물건을 깊숙이 숨겨두어 텅 빈 것처럼 보이게 하고, 군자는 아름다운 덕을 지니고 있지만, 모양새는 어리석은 것처럼 보인다고 하였소."

군자의 모양새가 어수룩하게 보이는 것은 인격과 학식을 뽐내거나 자랑하지 않기 때문이다. 인생에서 참된 길[도道]은 인위를 초월한 곳에 있으므로 교만과 과욕, 위선과 지나친 야심을 버려야 할 것이다.

노자는 도道와 덕德을 닦고 학문을 숨겨 명성을 없애는 데 힘썼다. 그가 지었다고 전해지는 『도덕경』은 81장으로 구성되어 있는데, 흔히 상편 37장을 도경道經, 하편 44장을 덕경德經이라고 부른다.

노자는 인위적 행위를 배격하는 무위자연無爲自然을 주창하였다. 우리는 무위자연을 '인위적인 손길이 더해지지 않은 자연 상태' 또는 '속세의 삶에서 벗어난 자연 그대로의 삶'이라고 이해하곤 한다. 그러나 노자의 무위는 단순히 '하지 않는 것'이 아니라 '하긴 하되 억지스러움이 없음'을 의미한다. 그는 『도덕경』 제22장에서 '무위'無爲가 무엇을 할 수 있는지 말하였다.

> "스스로 드러내지 않기 때문에 밝아지고, 스스로 옳다고 하지 않기 때문에 훤히 드러나고, 스스로 자랑하지 않으니 자기 공로가 있게 되고, 스스로 내세우지 않으니 오래간다."

이것은 '발끝으로는 오래 서지 못하며, 안짱다리로는 오래 걸을 수 없는' 이치와 같다. 제25장에서는 '하늘은 도道를 본받고 도는 자연自然을 본받는다'고 하였다.

"도道가 크고, 하늘이 크며, 땅도 크고, 사람 또한 크다. 우주엔 큰 것이 네 개 있는데 사람도 그 한자리를 얻는다. 사람은 땅을 본받고, 땅은 하늘을 본받으며, 하늘은 도를 본받고, 도는 자연을 본받는다."

제37장에서 '도道는 언제나 무위이지만 하지 않는 일이 없다'고 하였다.

"지배자가 이를 지킬 수 있다면 모든 것은 저절로 변해갈 것이다. 변화를 억지로 하려 하면 나는 이름할 수 없는 소박함으로 다스릴 것이다. 이름할 수 없는 소박함이란 욕심을 없애는 것이다. 욕심을 없애면 고요하니 천하는 저절로 안정될 것이다."

배우면 날마다 더하고, 도를 행하면 날마다 덜어내니, 덜고 또 덜어내면 마침내 무위에 이르게 된다고 하였다.

노자는 『도덕경』 제51장에서 '그윽한 덕'[현덕玄德]에 대해 말하였다.

"도道는 낳고 덕德은 기르니, 기르고 보살피고, 이루고 성숙시키고, 돌보고 덮어준다. 낳되 소유하지 않으며, 위하되 뻐기지 않으며, 기르되 간섭하지 않으니, 이를 그윽한 덕이라 부른다."

제67장에서 그가 소중히 여기는 '세 가지 보물', 즉 자애, 검약, 겸허의 덕목에 대해 말하였다.

"나에게 세 가지 보물이 있으니 늘 지녀서 소중히 여긴다. 첫 번째는 자애로움이고, 두 번째는 검소함이며, 세 번째는 감히 천하의 사람 앞에 먼저 나서지 않음이다.

자애로우므로 용감할 수 있고, 검소하므로 능히 널리 베풀 수 있으며,

천하보다 먼저 나서려 하지 않아 큰 그릇을 이루고 우두머리가 될 수 있다.

지금 자애로움을 버린 채 용감해지려 하고, 검소함을 버린 채 널리 베풀려 하며, 다른 사람들 뒤에 서는 것을 버리고 먼저 나서려 하면 그저 죽을 수밖에 없다."

공자와 노자의 사상은 서로 대조적이다. 공자는 인의예지의 덕목을 설정하여 예교禮敎를 강조하면서 현실적인 상쟁 대립을 전제하였으나, 노자는 상쟁 대립이 인위적인 것으로 말미암아 생긴다고 보고 무위자연의 불상쟁 논리를 펴나갔다.

그리하여 공자의 사상이 군주의 통치권을 합리화하여 역대 왕조의 통치 이념으로 그리고 사회의 기본사상으로 자리 잡은 데 반해 노자의 사상은 현실 부정적이고 도피적인 성향이 강하여 하층민을 중심으로 뿌리내렸다.

그러나 공자와 노자는 군사력 증강에는 이구동성으로 소극적이었다. 자공이 정치에 대하여 질문하자 공자가 말하였다. "먹는 것이 족하고, 군사력이 족하며, 백성이 믿으면 된다." 공자는 셋 중에서 하나를 버린다면 그것은 군사력이라 하였다.

노자도 마찬가지였다. "만약 군사를 미화한다면 이는 살인을 즐기는 것이요, 살인을 미화하는 것으로는 천하에서 뜻을 이룰 수 없다." 제후국 간의 전쟁은 노자와 서민에게는 조금도 달갑지 않았다. 서민은 들풀과 같아서 전쟁이 일어나면 어제는 소가 밟고 가고 오늘은 말이 밟고 가니 그들에게는 어느 쪽에 밟히든 마찬가지였다. 그런 점에서 노자 사상은 군주 권력에 대한 서민의 저항과 관련된다.

장자의 무용지용

다음으로 맹자와 같은 시기를 살았던 장자莊子를 보자. 당시는 나라 간에 전쟁이 빈발하고, 신하가 군주를 시해하거나(진晉나라, 제나라), 권력 쟁취를 위해 혈육을 죽이는(제齊 환공, 오吳 합려, 위魏나라 악양, 송宋 강왕 등) 등 혼란상을 보였다.

장자는 송나라 출신으로 노자 사상을 계승하고 발전시켰다. 초楚 위왕(회왕의 아버지)이 사신을 보내 재상직을 제안하자 장자는 미소 지으며 거절하였다.

> "그대는 하늘에 제사를 올릴 때 희생물로 바쳐지는 소를 보았겠지요. 소는 여러 해 동안 잘 먹다가 화려한 비단옷을 입고 종묘로 끌려갑니다. 나는 차라리 더러운 시궁창에서 노닐며 스스로 즐길지언정 제후에게 얽매이지 않겠소. 죽을 때까지 벼슬하지 않고 내 뜻대로 즐겁게 살고 싶소."

이것은 고대 그리스의 〈이솝 우화〉 '빵보다 자유가 좋은 늑대'가 자유를 찬미하는 것과 닮았다.

> 늑대와 개가 산에서 마주쳤다. 늑대는 개의 안색이 더없이 좋은 것을 보고 어떻게 지내는지 물었다. 개가 대답하였다. "나는 집 지키는 일만 하면 된다네. 도둑을 발견하면 주인님은 뼈다귀와 먹을 것을 많이 주시지." 늑대는 개를 따라 산 아래로 내려갔다. 그런데 개 목에 상처 자국이 보이는 게 아닌가? 개는 대수롭지 않다는 듯이 설명했다. "주인이 내 성질을 사납게 하려고 낮에는 묶어 놓고 밤에만 풀어준다네. 이것은 그때 생긴 목줄 자국이야."
>
> 늑대는 개에게서 몇 걸음 더 물러섰다. 그러자 개가 말하였다. "그건 잘 된 거야. 나는 낮에 잠도 많이 자고, 밤에는 자유롭게 다니지. 주인은 나를 총애하고, 잘 먹여주거든." 늑대는 뒤돌아서서 숲 쪽으로 걷기 시작하였다. 개가 소리쳤다. "아니, 어디 가는 거야?" 늑대가 대답했다. "잘

있게, 가련한 친구, 그 대단한 목줄의 생활을 하시게, 나는 나의 자유를 지키려 하네."

우리가 공기의 소중함을 잊고 살 듯이 자유의 가치를 망각하고 있지 않은가 반성해 볼 일이다. 하지만 장자에게 이상적인 삶이란 근심의 근원인 육체와 정신을 버리고 허정虛靜에 도달하여 자연법칙을 따르고 어떠한 것에도 침해받지 않는 자유와 독립을 얻어 세계의 밖에서 초연하게 노니는 것이었다.

어느 날 장자는 밤나무밭에 앉아 있는 까치 한 마리를 보았다. 까치를 잡기 위해 돌을 던지려는 순간, 까치는 나무에 있는 사마귀 한 마리를 잡아먹으려고 정신이 팔려있고, 사마귀 역시 매미를 잡아먹으려 하는 것을 보았다.

장자는 세상에 진정한 승자가 없다는 사실을 깨닫고 돌을 내려놓았다. 이때 밤나무 밭지기가 쫓아와 욕을 퍼부으며 막대기를 흔들었다. 그는 장자가 밤을 훔치는 줄 생각하였다.

장자는 사람이 먹고 먹히는 삶의 사슬에서 자유롭지 못함을 깨닫고 속세를 초탈하여 유유자적하고자 하였다. 노자가 혼탁한 세상을 구하기 위해 무위자연에 처할 것을 가르치고 '공로를 이루면 뒤로 물러나야 위험이 없다'는 등 정치사회의 현실에 어느 정도 관여했던 것과 구별된다.

혜시는 장자의 안심입명安心立命(생사의 도리를 깨달아 마음의 평안을 얻음)이 아무런 쓰잘머리 없는 것이라고 맹비난하였다.

"내가 있는 곳에 큰 나무가 있는데 사람들은 그것을 개똥나무라고 부릅니다. 큰 줄기에는 혹이 많이 붙어 있어 먹줄을 칠 수도 없고, 작은 가지들은 뒤틀려 있어 자를 댈 수도 없습니다. 길가에 서 있지만, 목수들은 거들떠보지도 않습니다. 지금 당신의 말도 거창하기만 하였지 쓸 곳이 없으니 모든 사람이 상대도 하지 않을 것입니다."

장자는 '무용지용'無用之用을 들어 반박하였다. 쓸데없는 것도 관점을 달리하면 크게 쓰일 수 있다는 뜻이다.

"지금 당신은 큰 나무가 쓸 데가 없다고 근심하고 있소. 그렇지만 아무것도 없는 고장이나 광막한 들판에 그것을 심어놓고 하는 일 없이 그 곁을 왔다 갔다 하거나 그 아래 어슬렁거리다가 낮잠을 자지 않소? 그 나무는 도끼에 일찍 찍히지 않을 것이고 아무도 그것을 해치지 않을 것이오. 쓸 데가 없다고 하여 어찌 마음의 괴로움이 된다는 말이오?"

무용지용은 〈이솝 우화〉 '나그네와 플라타너스'에서도 발견된다. 플라타너스는 과실수도 아니고 목재용도 아닌 그저 평범한 나무이지만 가치 없다고 말할 수 있을까?

불볕더위가 기승을 부리던 여름날 정오였다. 녹초가 된 나그네는 길가의 플라타너스를 발견하고 그늘에 누워 쉬었다. 그들은 나무를 올려다보며 "이것은 열매를 맺지 못해 아무짝에도 쓸모가 없군." 플라타너스가 말하였다. "그늘의 은덕을 누리고 있으면서 내가 아무짝에도 쓸모가 없다고? 참 배은망덕한 자로군."

가로수나 정자목의 플라타너스가 드리우는 그늘은 여름날에 더없이 고마울 수 있다.

한비의 유세론

마지막으로 전국시대 말기 한나라 출신의 한비韓非를 보자. 그는 법가 사상을 집대성하여 『한비자』를 저술하였으며, 유가의 인仁 또는 자애慈愛가 죄악을 낳을 수 있다고 비판하였다. 예를 들어 아버지가 죄를 지었을 때 아들은 이를 숨겨주어야 하는가, 고발해야 하는가?

유가儒家에서는 숨겨주는 게 옳다고 한다. 아들은 아비와 함께 달아나 한적한 곳에서 아비를 기쁘게 공양할 것이다. 그러나 법가法家는 정반대 입장이다. 효孝에 입각하여 죄지은 아버지를 감싸는 것은 부패를 낳으며, 이것은 법을 우습게 보는 무질서를 낳는다. 한비는 인간이란 근본이 사악하므로 강력한 법과 형벌로 사회를 통제해야 한다고 주장하였다.

한비는 한韓나라의 왕이 실속 없는 유학자들을 등용하여 전투 공로와 실적이 있는 자보다 윗자리에 앉히는 것을 몹시 싫어하였다. 유세가遊說家가 아무쪼록 정치 참여의 기회를 얻기 위해서는 '군주의 마음이 상황[세勢]에 따라 변하므로 계획[술術]을 유연하게 변경할 수 있어야 한다'고 하였다.

『한비자』 제12편 세난說難에서 유세의 어려움과 방법을 찾아보자. 유세의 어려움은 상대방 즉 군주의 마음을 잘 파악하여 내 주장을 그 마음에 꼭 들어맞게 하는 데 있다.

> 상대방이 명성을 얻고자 하는데 이익을 얻도록 설득한다면 식견이 낮은 속된 사람이라고 업신여길 것이다. 상대방이 이익을 얻고자 하는데 명성을 얻도록 설득한다면 상식 없고 세상 이치에 어둡다고 퇴짜 맞을 것이다.
>
> 상대방이 속으로 이익을 바라면서 겉으로는 명성을 원할 때 명성을 얻는 방법으로 설득한다면 겉으로는 받아들이는 척하겠지만 속으로는 멀리할 것이며, 이때 이익을 얻는 방법으로 설득한다면 속으로는 의견을 받아들이면서도 겉으로는 그를 꺼릴 것이다.

그러므로 유세가는 군주의 신임을 얻고 의심받지 않을 때 비로소 자신이 아는 바를 모두 말할 수 있다. 원교근공책의 범수는 소양왕의 총애를 확인하기 전에는 본격적인 유세를 하지 않았다. 그러면 신임을 얻기 위해서는 어떻게 해야 하는가? 상대방의 장점을 부각하고 단점을 덮어주어야 한다.

> 상대방이 자신의 계책을 지혜로운 것으로 여기고 있다면 지나간 잘못을 들추어 궁지로 몰아서는 안 된다. 자신의 결정을 용감한 것이라고 여기면 구태여 반대의견을 내세워 화나게 해서도 안 된다. 상대방이 자신의 능력을 과장하더라도 그 일의 어려움을 들어 가로막아서는 안 된다.

'군주가 유세자의 충성스러운 마음에 반감을 가지지 않고 주장을 내치지 않아야 비로소 유세자는 그 지혜와 언변을 마음껏 펼칠 수 있다.' 앞에서 제齊 환공과 관중의 일화에서 보았듯이 군주의 재앙을 복으로, 실패를 성공으로 바꾸었던 관중의 지혜를 배워야 할 것이다.

무엇보다도 유세의 관건은 '아는 것을 어떻게 쓰는가'이다. 아는 것이 어려운 게 아니라 그것을 어떻게 쓰는가가 어렵다고 하였다. '정나라의 관기사'를 예로 들어보자.

> 예전에 정鄭 무공이 호나라를 칠 계획으로 딸을 호나라 군주에게 시집보내고 대신들에게 물었다. "내가 전쟁을 일으키려 하는데 어느 나라를 치면 되겠소?" 관기사가 대답하였다. "호나라를 칠 만합니다."
>
> 무공은 호통을 쳤다. "호나라는 형제 같은 나라인데 어찌 그대는 호나라를 치라 하는가?" 그러고는 관기사를 처형하였다. 호나라 군주는 이 소식을 듣고 정나라에 대한 경계를 늦추었다. 그러자 정鄭 무공은 호나라를 공략하였다.

관기사의 말은 전적으로 옳았으나 그는 아는 것을 제대로 쓰지 못하여 목숨을 잃었다. 따라서 군주에게 간언하거나 유세하기 이전에 자기가 군주의 신뢰를 얼마만큼 받고 있는지에 유의할 일이다. '위衛나라의 미자하'를 하나 더 보자.

> 미자하는 위衛나라 군주의 총애를 받았다. 군주의 수레를 훔쳐 타는 자는 형벌을 받게 되어 있었다. 미자하는 어머니가 병이 나자 군주의 명령이라고 속이고 수레를 타고 대궐을 빠져나갔다. 군주가 이 소식을 듣고 형벌을 두려워하지 않는 효자라고 미자하를 칭찬하였다.
>
> 또 마자하가 군주와 함께 과수원에 갔다가 복숭아를 먹어보니 맛이 달았다. 먹던 복숭아를 바치니 군주는 칭찬하였다. "제 입맛을 참고 나를 생각하는구나."

그 후 마자하가 군주의 총애를 잃고 죄를 짓게 되었을 때 군주가 분노하였다.

> "이 자는 일찍이 나를 속이고 내 수레를 탔으며, 또 먹다 남은 복숭아를 나에게 먹게 하였다."

똑같은 행위를 두고 처음에는 칭송하였으나, 다음에는 벌을 내렸다. 군주의 시각이나 태도가 바뀐 탓이다.

우리가 연애하던 시절에는 상대방의 결점을 '아이, 이뻐' 또는 '아유, 귀여워'하며 사랑스럽게 여겼으나 결혼한 이후 그것을 혐오하는 것도 시각이 점차 부정적으로 바뀐 탓이 아닐까? 상대방에게 결점을 고치게 할 수 없다면 그것을 받아들이는 태도가 바람직할 것이다.

한비의 유세론은 석정 윤세주의 소통 능력에 영향을 주었을지도 모른다. 소통 능력을 핵심으로 하는 직업군이라면 단연코 말하고 글 쓰는 언론이다. 윤세주는 국내에서는 1929~1931년에 걸쳐 중외일보(사장 안희제)의 경영에 참여하였고, 중국 망명 이후 1935~1937년에는 민족혁명당의 관보, 기관지, 소식지 편집에 깊숙이 관여하였으며, 1937년 8~10월에는 상해방송국에서 일본인과 국내 민중에 대한 심리전 방송을 일본어와 우리말로 진행한 바 있다.

또한 석정이 중국에서 의열단 또는 민족혁명당을 대표하여 각종 위원회와 회의에 매번 나가게 되었던 것은 그가 '천재적인 연설가인 동시에 유능한 선동가'이었기 때문이다.

> "그분은 우리 당의 손꼽히는 이론가였고, 또 그 물이 흐르듯이 거침이 없는 현하지변懸河之辯에는 어떠한 적수도 맞서지를 못했다."
>
> "열정이 풍부하고 웅변에 능하므로 그가 등단하여 연설할 때에는 능히 사람을 웃기고 울렸다."
>
> "석정이 연단에 올라 연설을 하면 청중은 숨소리조차 내지 않고 조용했다. 그의 예리한 판단과 철저한 이론에 어느새 모두 감화되고, 열렬한 언변에 사로잡히곤 했다."

윤세주는 '긴장감이 감돌고 서로 팽팽히 맞서는 상황에서도 언제나 먼저 소통의 물꼬를 트는' 역량을 가지고 있었다.

제5장

서민의 삶

경제의 중요성은 아무리 강조해도 지나치지 않다. 춘추오패의 맨 처음은 제齊 환공이었는데, 그때의 재상 관중에게 최우선 과제는 경제이었다. 그는 '창고가 가득 차야 예절을 알고, 먹고 입는 것이 넉넉해야 영예와 치욕을 안다'고 하였다. 물질적 욕구가 어느 정도 충족된 이후에야 정신적 욕구를 갖게 된다는 뜻이다. 농민, 광공업자, 상인, 의사, 연예인, 협객과 점술가 등 다양한 산업에 종사하였던 고대인의 삶을 훑어보자.

1. 농민과 상공업자

화식貨殖은 재화의 증식 다시 말해 재물을 늘리는 것을 뜻한다. 사마천은 〈사기 열전〉 '화식'(#69) 첫머리에서 농림, 광업, 수공업, 상업 등 네 가지의 중요성을 지적하였다.

> 이 네 가지는 백성이 입고 먹는 것의 근원이다. 근원이 크면 백성은 풍요로워지고, 작으면 백성은 결핍된다. 위로는 나라를 풍요롭게 하고 아래로는 가정을 잘살게 한다.

보리 · 천마

춘추전국시대의 농민은 주곡으로 무엇을 생산하였을까? 오늘날은 쌀이 보리보다 흔하나 춘추시대 중기까지도 기장, 조, 콩, 밀, 수수 등과 더불어 보리를 훨씬 많이 먹었다. '햇보리 밥을 먹지 못하고 죽은 진晉 경공'을 보자. 경공(재위: 기원전 599~581년)은 필전투에서 초楚 장왕에게 참패한 적이 있으며, 초나라를 견제하기 위해 오나라(수몽)를 지원하기도 하였다.

> 진晉 경공이 어느 봄날 중병으로 일어나지 못하였다. 점쟁이가 점괘를 보고 말하였다. "귀신에 씌어 오래 살지 못합니다. 새로 나는 보리밥을 드시지 못할 듯합니다."

과연 진晉 경공은 햇보리 밥을 먹지 못하고 죽었을까? 위에서 '봄날'과 '새로 나는 보리밥'으로 보아 이야기의 시점은 보리타작하는 6월 이전의 춘궁기이었을 것이다. 왕은 점쟁이에게 점괘가 틀리면 죽인다고 으름장을 놓았다.

신하들이 진秦나라의 명의를 초빙하였는데, 의사가 진晉 경공을 진맥한 후 한마디의 말을 던지고는 훌쩍 사라졌다.

> "병이 고황에 들어 있습니다[병입고황病入膏肓]. 이곳은 약을 써도 효험이 미치지 못하고 침도 들어가지 않습니다."

'고황'은 가슴의 심장과 횡격막 사이의 깊숙한 곳을 일컫는다. 의사의 진단 이전에 점술가가 보기에도 경공의 병환은 심각한 것이었지만 과연 왕은 햇보리 밥을 먹을 수 있을까?

오래지 않아 백성이 갓 수확한 보리를 왕에게 바쳤다. 진晉 경공은 밥을 짓게 하고는 점쟁이에게 호령하였다.

> "여기 햇보리 쌀이 보이느냐? 그래도 네 점괘를 우기겠느냐? 저놈을 당장 처형하렷다." 점쟁이가 끌려 나간 후 경공은 신하의 등에 업혀 변소에 갔고 거기서 쓰러져 죽었다.

결국 왕은 부엌에서 짓고 있는 보리밥을 끝내 먹지 못하였다. 보릿고개에 서민은 굶주려 힘들었겠지만, 진晉 경공은 '병입고황'이라는 중병으로 죽었다. 그 후 진晉나라는 대부가에게 권력을 빼앗기면서 점차 쇠락의 내리막길에 들어섰다.

목축업도 농업의 주요 부문이었다. 당시의 주요 가축은 소·말·돼지·양·닭·개[육축六畜]였다. 오지현의 '나'倮는 목축업자였는데, 사육하는 소와 말을 골짜기의 수로 셀 정도로 대규모였다.

> 가축의 수가 불어나자 그것을 팔아 비단을 사서 융왕에게 바쳤더니, 왕은 그 대가로 열 배나 많은 가축을 주었다.
>
> 그의 가축은 골짜기의 수로 말과 소의 수를 셀 정도가 되기에 이르렀다. 진왕정은 나倮를 군君으로 봉해 봄가을로 대신들과 함께 조회에 들게 하였다.

여기에서 '비단'은 값비싼 교역품이었음을 알 수 있다. '융왕'은 중국의 서쪽 변방에 살았던 오랑캐의 왕을 가리킨다.

중국의 변방에 동쪽의 동이東夷(활을 잘 쏘는 사람), 서쪽의 서융西戎(창을 잘 쓰는 사람), 남쪽의 남만南蠻(벌레 많은 곳의 사람), 북쪽의 북적北狄(늑대 많은 곳의 사람)이 있었다. 우리나라는 동이에 속하는데 그때에도 활을 잘 쏘는 민족으로 이름났는가 보다.

진왕정은 왜 목축업자를 예우하였을까? 통일 전쟁에 박차를 가하던 그로서는 말이나 소 같은 전략물자의 안정적 공급을 위해 목축업자를 우대할 수밖에 없었다.

소는 다른 가축에 비해 몸집(1,000kg 내외)이 크다. 노동력, 고기, 가죽, 우유, 쇠똥(비료 및 땔감) 등을 제공하였다. 화물 수송에 필수적이지만 전투에 직접 동원되기도 하였다. 즉묵전투에서 꼬리에 불을 붙여 날뛰는 소가 적진을 혼란에 빠뜨렸다는 화우계火牛計를 앞에서 읽은 적이 있다.

말[馬]은 평시에는 교통수단, 사냥, 교역품 등으로 유용하고, 전쟁 때 말이 끄는 전차는 주축 무기였다. 곧 '초나라의 우맹'에서 소개하겠지만, 초楚 장왕은 애마가 죽자 거창한 장례를 검토했을 정도로 말을 끔찍이 아꼈다.

고대 역사에서 말이 자주 등장하는 것은 동서양의 공통점이다. 〈그리스 신화〉에는 파에톤의 '태양마차'나 벨레로폰의 '페가수스' 등 천마天馬가 등장하고, 〈이솝 우화〉에도 말이 자주 등장하는데 '말과 전사', '멧돼지와 말과 사냥꾼', '늙은 말' 등을 들 수 있다. 한漢 무제는 천마를 얻은 기쁨을 '서극천마가'에서 노래하였다.

> 천마가 오네 서극西極에서 오네
> 만리를 거쳐 중국으로 돌아오네
> 신령한 위엄을 이어받아 외국을 항복시키니
> 유사流沙 건너 모든 오랑캐가 복종하네

우리나라의 경우 말은 박혁거세(재위: 기원전 57~기원후 4년)의 탄생 설화에 처음 등장하지만 6세기 초에 축조된 경주 천마총天馬塚에도 천마가 그려진 장니(국보 제207호)가 출토되었다. 장니는 말안장에 달아 늘어뜨려 튀는 흙을 막아 말이 놀라지 않게 하는 도구[마구馬具]이다.

철 · 단사 · 소금 · 비단

광공업은 강태공(여상)이 산둥 지역에 제나라를 세웠을 때부터 중시되었다.

> 산둥 지역의 제나라 땅은 소금기가 많고 백성이 적었다. 강태공은 부녀자의 일을 장려하여 기교를 극대화하고, 각지로 생선과 소금을 유통하자, 사람과 물건이 그곳으로 모여들었다. 천하에 관과 띠와 옷과 신을 퍼뜨리자 여러 제후가 제나라로 와서 조회하였다.

사마천은 야금업자를 큰 부자의 맨 앞에 언급하였다. 은·주나라 시대에 운철(운석에서 추출된 자연철)로 만든 철기가 발견된 예는 드물게 있긴 하나 인공철(강철)의 제작은 춘추시대 말에서 전국시대 초기에 시작되었다. 주조 기술에 의한 농기구가 널리 보급된 것은 전국시대 후반이었다.

진秦나라가 조나라를 깨뜨렸을 때 탁왕손은 포로가 되어 옮겨 살게 되었다. 다른 이는 가까운 곳에서 농사짓게 해 달라고 애걸하였지만, 조나라의 탁씨는 일부러 멀리 임공으로 가서 철 생산에 뛰어들었다.

> 탁씨는 철이 생산되는 산으로 들어가 쇠를 녹여 그릇 만드는 일을 하였다. 그는 지혜롭게 교역하여 전과 촉 땅의 백성을 기술자로 이용하였다. 노비가 1,000명에 이르고 자신의 전답과 연못에서 사냥하고 고기잡이하는 즐거움이 임금의 그것에 비길 만하였다.

철 생산으로 큰돈을 번 사람은 탁씨 이외에도 임공의 정정, 한단의 곽종, 완宛 땅의 공씨, 조曹 땅의 병씨 등이 있었다.

또한 파巴 땅의 과부 청淸은 단사丹沙를 생산하였는데, 진왕정은 그녀를 빈객으로 대우하였다.

> 파 땅의 과부 청은 선조가 단사 동굴을 발견하여 대대로 부를 쌓아왔다. 그녀는 가업을 지키고 재물을 이용하여 자신을 지켜 사람들로부터 침범당하지 않았다. 진왕정은 과부 청을 정조 있는 부인으로 여겨 빈객으로 대우하고, 그녀를 위해 여회청대女懷淸臺라는 건물을 지어주었다.

파巴는 장강 상류의 쓰촨성泗川省 동부에 있었던 나라로서 인접한 촉蜀과 더불어 기원전 316년에 진나라(혜문왕)에 합병되었다. 파촉은 오늘날 쓰촨성의 다른 이름으로 쓰인다.

단사는 주사朱砂라고도 부르는 값비싼 진홍색 광물인데, 연지 · 도장밥(인주) · 한약재 등으로 쓰였다. 우리나라의 경우 신라 서라벌의 주사산과 여근곡(경주시 건천읍)도 단사와 관련 있다.

그리고 소금의 생산과 무역도 성행하였다. 소금은 '백색 황금'이라 불릴 정도로 값비쌌다. 제나라의 관중은 소금 전매로 나라 곳간을 넘치게 하였고, 의돈은 염전을 경영하여 집안을 일으켰다. 조간은 생선과 소금 장사로 큰 재산을 모았다.

> 사람들은 사납고 교활한 노예를 싫어하지만, 조간은 그런 자를 발탁하여 생선과 소금 장사를 하였다. 조간은 수레와 말을 거느리고 고을 태수나 나라의 재상과 사귀기도 하였지만, 노예를 신임하여 그들의 힘을 빌려서 수천만 금의 부를 쌓았다. 그래서 '벼슬을 하기보다 조간의 노예가 되겠다'는 말까지 나오게 되었다.

마지막으로 비단 직조는 중요한 수공업이었지만 〈사기 열전〉에는 뚜렷하게 언급되지 않았다. 춘추전국시대의 비단은 새, 짐승, 용, 봉황, 꽃무늬 등 문양을 수놓는 수준에까지 이르렀다. 비단은 합종가 소진이 여러 제후로부터 하사받은 고가품 중에 늘 끼어 있었고, 오지현의 목축업자가 말해주듯 그것은 중국의 특산품이었다. 진나라와 한나라 시기에 중원에서 아시아 대륙을 횡단하여 인도 서북부 너머에 이르는 6,400km 통상로를 비단길[실크 로드 silk road]이라 일컬은 데에서도 서역 사람들의 비단 애호를 짐작할 수 있다.

부자가 되는 길

사마천은 상업의 중요성을 다음과 같이 지적하였다. "가난에서 벗어나 부자를 추구하는 길에는 농업이 공업만 못하고, 공업이 상업만 못 하니, 비단에 수를 놓는 것이 저잣거리에서 장사하는 것만 못하다. 이것은 말단의 생업 즉 상업이 가난한 자의 자본임을 말해준다."

〈사기 열전〉의 주요 인물 중에 상인이었거나 상거래의 경력자가 적지 않다. 제나라의 관중과 포숙은 젊었을 때 장사하였는데, 집이 가난하고 식구가 많았던 관중은 함께 번 돈을 포숙보다 더 많이 가져갔다고 하였다.

또 위衛나라의 자공은 공자(중니)에게 배운 뒤에는 상거래를 통해 엄청난 재산을 모았으며 가는 곳마다 제후의 대우를 받았다. 또한 한나라 양책(허난성) 출신의 여불위는 국경을 드나들며 큰돈을 모은 상인이었는데, 딱한 처지의 왕족인 이인을 진秦 장양왕으로 세워 전국시대를 요동치게 하였다.

백규는 위魏 문후 때 시세 변동에 깊은 관심을 두었다.

> 풍년이 들어 곡식이 넘쳐나면 사들이고 실과 옻을 팔았으며, 흉년이 들어 누에고치가 나돌면 비단과 풀솜을 사들이고 식량을 팔았다. 그는 풍년과 흉년이 순환하는 이치를 따져 물건을 매매하여 많은 재산을 모았다.

그는 거친 음식을 기꺼이 먹고, 하고 싶은 것을 억누르며, 옷을 검소하게 입고, 노복들과 고통과 즐거움을 함께하였지만, 시기를 보아 나아가는 데는 재빨랐다.

> "나는 생산을 운영할 때 마치 이윤伊尹과 여상呂尙이 계책을 꾀하고, 손자와 오기가 군사를 쓰고, 상앙이 법을 시행하는 것과 같이한다. 그런 까닭에 임기응변하는 지혜가 없거나, 일을 결단하는 용기가 없거나, 주고받는 어짊이 없거나, 지킬 바를 끝까지 지킬 수 없는 사람이면 내 방법을 배우고 싶어 해도 끝까지 가르쳐 주지 않겠다."

백규가 손자와 오기를 언급한 것으로 미루어 손자병법이나 오자병법 등이 널리 읽혔고, 전투의 임기응변이나 결단력이 상술에도 적용되었음을 짐작하게 한다.

낙양의 사사도 큰 장사꾼이었다. 낙양은 제 · 진 · 초 · 조나라의 한가운데 위치하는 상업 중심지이다. 사사는 수백 대의 수레를 끌고 다니면서 물건을 매매하였고, 가난한 사람들은 그로부터 장사하는 법을 배웠다. 사사는 그들에게 장사를 가르쳐 수천만 금의 재산을 모았다.

끝으로 창고업으로 돈을 벌고 농업으로 재화를 지킨 선곡의 임씨를 보자.

> 진秦나라가 싸움에 졌을 때 호걸들은 앞다투어 보석을 차지하였으나 임씨는 창고의 곡식을 굴속에 깊숙이 감추어 두었다. 그 뒤 초나라와 한나라가 형양에서 대치하자 백성은 파종을 하지 못해 쌀 한 섬 값이 1만 전까지 뛰었다. 호걸의 금과 은과 옥은 모두 그의 것이 되어 부유해졌다.

그의 집안은 여러 대에 걸쳐 부유한 생활을 하였다. 부자들이 사치를 다툴 때 그는 절약하고 검소한 생활을 하며 농사와 목축에 힘썼다.

사마천은 누구라도 한 가지 일에 성실하게 노력하면 부자가 될 수 있다고 하였다.

> "행상은 남자에게는 천한 일이지만 옹낙성은 그것으로 부자가 되었고, 연지를 파는 것은 부끄러운 일이지만 옹백은 그것으로 천만 금을 얻었다. 술장사는 하찮은 일이지만 장씨는 그것으로 천만 금을 얻었으며, 말의 병을 치료하는 것은 대단치 않은 의술이지만 장리는 그것으로 종을 쳐서 하인을 부르게 되었다."

그리하여 부유해지는 데에는 정해진 사업이 없고, 재물에는 일정한 주인이 없다고 강조하였다.

2. 의사와 연예인

명의 편작

〈사기 열전〉 '편작창공'(#45)은 전설적인 의사 두 명을 소개하였다. 춘추시대 말기의 편작은 침구와 탕약에 뛰어났으며, 서한시대의 창공은 상세한 의료 처방을 남겨 의학사에 이바지하였다.

편작은 발해군(허베이성과 산둥성) 출신이며 성명이 '진월인'이다. 젊었을 때 여관의 관리인이었는데, 객사에 머물던 장상군에게서 의학을 배워서 여러 나라를 떠돌며 의술을 펼쳤다.

편작이 진晉나라에 머물 때였다. 조간자(조쇠의 후손)가 병들어 닷새 동안 사람을 알아보지 못하였다. 조간자는 진晉나라 육경六卿의 하나인 조씨의 우두머리로서 조나라 탄생의 초석이 된 인물이다. 다른 대부들이 걱정하여 의사를 불렀더니, 편작이 와서 조간자의 병세가 진秦 목공과 같다고 하였다.

> "혈맥이 다스려지고 있습니다. 옛날 진秦 목공도 이런 증세였습니다. 그는 이레 만에 깨어나 '나는 천제를 만나 말씀을 들었는데, 진나라는 장차 크게 혼란스러워져 다섯 대 동안 평안하지 못할 것이다.'라고 말씀하였습니다. 대부 조간자의 병은 진 목공과 같으므로 사흘 만에 나을 것이고 깨어나면 무슨 말씀을 하실 것입니다."

당시의 의사는 주로 왕이나 귀족의 건강을 보살폈던 만큼 정치에 무관심할 수 없었을 것이다.

> 조간자는 깨어난 후 말하였다. "나는 천제를 만나 즐거운 시간을 보냈소. 천제께서는 '진晉나라는 쇠약해져서 일곱 대 뒤에 멸망할 것'이라 하

셨소." 이에 대부 동안우가 편작의 말을 전하자, 조간자는 편작에게 전답 4만 무를 주었다.

조간자의 말대로 진晉나라는 문공이 제후의 우두머리였고 아들 양공도 효산전투(기원전 627년)에서 진秦나라를 깨뜨릴 정도로 강성하였다. 그러나 앞에서 본 햇보리 밥의 경공 이후 일곱 대(정공, 출공, 애공, 유공, 열공, 효공, 정공) 160여 년을 쇠락의 내리막길로 치달아 기원전 349년에 멸망하였다.

다음으로 편작이 거의 죽은 사람을 살려낸 이야기를 보자. 괵나라(허난성) 태자가 갑자기 쓰러져 죽은 듯이 꼼짝달싹하지 않았다. 궁궐에서는 태자의 장례를 준비하고 있는데, 편작이 태자를 살려낼 수 있다고 장담하는 게 아닌가! 아니, 환자를 직접 진찰하지도 않고 어떻게 치료할 수 있다는 걸까?

태부 중서자가 믿지 않자, 편작이 안타까워하였다. "내 말을 못 믿겠다면 태자를 관찰해 보십시오. 귀에서 소리가 나고, 코는 벌름거리며, 양쪽 넓적다리에서 음부까지 아직 따뜻할 것입니다."

맥박 · 호흡 · 체온 등의 활력 징후(바이탈 사인vital signs)가 정상적일 거란 지적이다. 태부 중서자가 임금에게 편작의 말을 알렸다. 임금이 환대하자, 편작이 자신 있게 말하였다. "태자는 아직 죽지 않았습니다. 양기가 음기 속으로 들어가 오장을 누르고 있을 뿐입니다." 편작은 제자 자양에게 쇠침과 돌침을 갈게 한 후 그것으로 몸 살갗에 있는 삼양과 오회를 찔렀다. 한참 뒤에 태자가 깨어났다. 음과 양의 기운을 조절해 가며 탕약을 스무날 동안 먹게 하니 태자는 회복되었다.

> 세상 사람이 이 일로 '편작은 죽은 사람도 살려낸다'고 하니, 편작이 말하였다. "나는 죽은 사람을 살려내지는 못한다. 살 수 있는 사람이 일어날 수 있게 한 것뿐이다."

만약 치료 시기를 놓쳤더라면 편작이라도 괵나라의 태자를 구할 수 없었을 것이다.

그런데 '괵나라'는 어떤 나라였는가? 천자문의 중간 부분에 나오는 가도멸괵假途滅虢 즉 '길을 빌려 괵나라를 멸한다'는 고사를 통해 우리에게 잘 알려졌다. 진晉 헌공(문공의 아버지)은 괵나라를 공략하려고 우나라에 길을 빌린 적이 있다.

> 우나라는 괵나라가 아무런 도움 되지 않는다고 여겼으므로 순순히 길을 내어주었다. 진晉 헌공은 괵나라 정벌 후 우나라까지 멸망시켰다.

우나라 멸망은 괵나라가 진晉나라에 대적하는 든든한 이웃이라는 점을 간과하였기 때문이다. '입술이 없어지니 이가 시릴'[순망치한脣亡齒寒] 수밖에 없다. 우나라가 망한 후 백리해는 진秦 목공의 재상으로 기용되어 진秦나라를 크게 일으켰다.

강대국이 약소국에게 원정길을 빌리는 경우가 더러 있었다. 진秦 혜문왕은 한·위나라의 길을 빌려 제나라를 공격[상구전투]하였고, 진秦 무왕도 위나라의 길을 빌려 한나라 의양을 공략[의양전투]한 후 주나라 낙양에 진입하였다.

우리나라의 경우 임진왜란 때 일본이 명나라를 치기 위해 길을 빌려 달라[정명가도征明假道]고 하였을 때, 조선은 '가도멸괵'의 계획이라 하여 길을 빌려주지 않았고 7년 전쟁의 고초를 감내해야 하였다.

마지막으로 전제田齊 환공(위왕의 아버지)의 경우를 보자. '전제'는 '전씨

田氏의 제나라'라는 뜻이다. 편작이 환공(재위: 기원전 374~357년)을 진맥한 후 말하였다.

> "주군의 병이 살갗 속에 숨어 있습니다. 손을 써야 합니다." 환공은 자기가 아프지 않다며 무시하였다. 편작은 며칠 뒤 다시 찾아왔다. "병이 혈맥에 스며들었습니다." 환공은 의사를 언짢게 여겼다.
>
> 그는 얼마 후 또 와서 말했다. "병이 위장에 들어가 있습니다. 지금 고치지 않으면 주군을 구할 수 없습니다." 환공은 대꾸조차 하지 않았다. 편작은 또다시 들러서 환공의 얼굴을 멀리서 보고는 가만히 물러 나와 신하에게 일렀다. "주군의 병은 이제 골수에 깊이 스며들어 손쓸 방법이 없습니다."

과연 오래지 않아 환공은 병들어 죽었다. 〈사기 열전〉은 이처럼 의사가 치료할 수 없는 여섯 가지를 열거하였다.

> ① 교만 · 방자하여 자신의 병은 자신이 잘 안다고 주장하는 것,
> ② 몸을 가벼이 여기고 재물이 아까워 병을 치료하지 않는 것,
> ③ 입고 먹는 것을 적절하게 하지 못하는 것,
> ④ 음과 양이 함께 있어 오장의 기가 불안정한 것,
> ⑤ 몸이 극도로 허약하여 약을 먹을 수 없는 것,
> ⑥ 무당의 말만 믿고 의사를 믿지 않는 것.

전제田齊 환공은 자기 몸은 자기가 잘 안다면서 의사의 진단을 무시하였기에 치료받지 못하고 일찍 죽었다.

오자서를 도운 동고공

편작의 제자 중에 동고공이 있었다. 젊었을 때는 여러 나라를 떠돌며 병을 고쳐주고 살았으나, 늙어서는 초나라 변방의 소관(안후이성)에 은거하였다. 동고공이 소관을 지키는 원월 장군을 치료하러 다니다가

우연히 오자서를 만나 그의 오나라 망명을 돕는 이야기를 들어보자.

소관은 초나라에서 오나라로 가는 관문인데, 양쪽이 산으로 막힌 좁은 길을 지나 이곳에서 강을 건너야 한다. 초楚 평왕은 사마원월을 소관으로 보내 오자서를 잡아들이게 하였다.

> 오자서는 왕손 승을 모시고 소관을 60리 앞둔 여양산 밑에 이르렀다. 더 나아가지 못하고 머뭇거리고 있노라니 한 노인이 다가와 물었다. "당신은 오씨가 아니시오?"
>
> 오자서가 화들짝 놀라 멍하니 쳐다보고 있으니, 노인은 말을 이어갔다. "나는 편작의 제자 동고공이오. 며칠 전 원월 장군을 왕진하러 갔다가 관문 위에 당신 초상이 걸려 있는 것을 보았소. 멀지 않은 곳에 내 처소가 있으니 잠시 들러 이곳을 빠져나갈 방법을 상의해 봅시다."

동고공이 자기소개를 할 때 '편작의 제자'라고 밝힌 것을 보아, 편작은 중원뿐 아니라 멀리 장강 유역의 남방에도 잘 알려졌음을 알 수 있다. 오자서와 왕손 승이 순순히 동고공을 따라간 것으로 보아 의사는 예나 지금이나 신뢰감을 주는 풍모를 지니는 모양이다.

동고공의 처소는 초가집이었다. 그는 거기에서 대나무 숲을 지나 뒷마당 후미진 곳의 흙집으로 안내하였다. 그가 오자서를 윗자리에 앉히려 하자, 오자서는 왕손 승을 가리키며 말하였다. "이분은 망명한 태자의 아드님이십니다." 왕손 승을 상좌에 앉히고, 자신은 오자서와 동서로 마주 앉았다. "당분간 이곳에서 쉬십시오. 저는 소관 통과의 방안을 찾아보겠습니다."

> 오자서는 흙집 주위를 맴돌며 일주일 내내 애쓰고 속태웠다[노심초사勞心焦思]. 아버지의 원수를 언제나 갚을 수 있을지, 소관을 어떻게 벗어나지 등의 생각에 밤에도 잠을 못 이루고 대나무 숲을 오락가락 거닐었다. 하루에 세 번의 가을이 지나는 듯[일일여삼추一日如三秋] 길고도 지루하였다.

여덟째 날 아침 동고공이 찾아와서 오자서를 보고는 화들짝 놀랐다. "웬일이오! 머리와 수염이 하얗게 세었소." 오자서는 한탄하였다. "원수를 갚기도 전에 늙어 버렸으니, 하늘도 무심하시지!" 그동안 원한과 망명으로 인한 스트레스가 얼마나 극심하였는지 짐작할 수 있다.

동고공이 말하였다. "소관 통과를 도와줄 사람이 오늘 올 것이오. 귀공의 결심이 지극하니 하늘이 도우리다." 그날 저녁 동고공은 오자서와 꼭 닮은 '황보눌'을 데리고 와서 말하였다.

> "내일 아침 두 분은 이 사람의 하인으로 변장하고 소관으로 가시오. 병사들이 이 사람을 귀공인 줄 알고 실랑이를 벌일 게 분명하니 그 틈에 두 분은 소관을 빠져나가시오. 귀공의 머리가 갑자기 센 것도 하늘의 도움이외다."

다음 날 황보눌이 떠날 채비를 하자, 오자서와 왕손 승은 보따리를 둘러메고 구부정하게 따라나섰다. 소관에서는 병사들이 통행인을 일일이 세워 오자서의 초상화와 대조하고 있었다.

황보눌이 문지기에 잡히자, 자기는 현상범이 아니라며 뿌리쳤다. 말다툼이 벌어지자 다른 병사가 와르르 달려들었다. 와중에 오자서와 왕손 승은 슬그머니 빠져나가 오나라로 내뺐다.

병사들은 황보눌을 원월 장군에게 끌고 갔다. 원장군이 그를 심문하고 있는데 동고공이 나타났다. 동고공은 시치미를 뚝 떼고 말하였다. "아니 자네는 오늘 나하고 소관 밖에 나가 뱃놀이하자고 하지 않았나? 여기서 왜 이러고 있는가?" 원장군이 놀라서 물었다. "이분이 선생의 친구이십니까? 죄송하게 되었습니다." 그는 즉시 황보눌을 풀어주었다.

창공의 맥법

서한西漢시대에 문왕이 스무 살이 채 되기도 전에 병들어 일어나지 못하였다. 창공은 그를 직접 진찰하지는 않았으나 증세를 들어보고는 질병 탓이 아니라고 하였다. 살이 찌고 몸을 잘 움직이지 않으며 뼈와 살이 조화를 이루지 못하여 천식이 생겼으므로 의약으로 고칠 수 없는 것이었다.

> "맥법에 '나이 스물에는 혈맥이 왕성하므로 달리는 게 좋고, 서른에는 빠른 걸음으로 걷는 게 좋으며, 마흔에는 편안히 앉아 있는 게 좋고, 쉰에는 편안히 누워 있는 게 좋으며, 예순이 넘으면 원기를 깊이 감추어 두는 게 좋다'고 하였습니다. 문왕은 한창 달려야 할 나이임에도 불구하고 느릿느릿 걸으니 천도天道의 네 계절의 자연법칙에 순응하지 못한 것입니다."

얼마 전에 뜸을 뜬 후 문왕의 병이 더욱 심해진 것은 잘못된 진단과 처방에 기인한다고 해석하였다. 뜸 처방 때문에 정신과 기운[신기|神氣]이 혼란스러워지고 나쁜 기운[사기|邪氣]이 들어가 젊은이가 이를 원래대로 회복시킬 수 없어 죽은 것이다.

창공은 사람에 따라 질병을 치료해 주지 않아 원성을 샀다. 서한시대까지도 의사의 수가 늘 모자랐기 때문이 아닐까? 〈이솝 우화〉에도 의사 이야기가 여럿 있는데 하나같이 의사를 부정적으로 묘사하였다. '노파와 의사'의 경우를 보자.

> 한 노파가 의사에게 눈병을 치료해 달라고 요청하였다. 눈이 온전히 낫게 되면 치료비를 지불하기로 하고, 의사가 정기적으로 와서 눈에 약을 발라주었다. 노파의 눈이 붕대로 감겨 있는 동안 의사는 살림살이를 하나씩 빼돌렸다.

노파는 마침내 완치되었는데, 집을 둘러보니 살림살이가 하나도 보이지 않는 게 아닌가? 노파는 치료비의 지불을 거부하였다. 이에 의사가 소송을 걸었다. 판사 앞에 나아갔을 때 노파는 진술했다. "이 사람은 내가 나았다고 하는데, 여전히 눈에 문제가 있음이 분명해요. 시력이 시원찮았을 때도 나는 집과 물건을 볼 수 있었지만, 지금 내 눈이 치료되었다고 하는데도 집안 살림살이가 하나도 보이지 않아요."

의사를 도둑으로 몰아붙인 이유는 당시에 의사의 수가 절대적으로 부족하고 의료 서비스가 비쌌기 때문일 것이다. 그러면 의료수가는 얼마나 천정부지天井不知였을까? 고대 중국에서 진晉나라의 조간자는 진료비로 편작에게 전답 4만 무를 주었다. 고대 그리스의 경우 멜람푸스는 프로에투스 왕의 세 딸을 치료해 준 대가로 왕국 대부분을 챙기기도 하였다.

초나라의 우맹

다음으로 골계가를 보자. 이는 재치 있고 우스개를 잘하는 연예인을 일컫는다. 〈사기 열전〉 '골계'(#66)에 언급된 여럿 중에서 춘추시대 중기의 우맹, 전국시대 초기의 순우곤과 말기의 우전을 소개한다.

우맹은 초나라를 풍미한 풍자가이자 음악가이다. 초楚 장왕(재위: 기원전 613~591년)의 애마가 죽었는데, 왕이 장례를 대부의 예로써 지내려 하자 신하들이 말렸다. 말이 전시든 평시든 늘 중요하였지만 그래도 한낱 짐승인데 성대한 장례는 잘못이 아닌가? 왕이 그렇게 말하는 신하는 사형에 처한다고 으름장 놓자, 우맹이 궁전에 들어가 문 앞에서 대성통곡하였다.

왕이 영문을 물으니, 우맹이 대답하였다. "위대한 초나라의 왕께서 아끼시던 말을 대부의 예로써 장사 지낸다는 것은 박정합니다. 원컨대 임금의 예로써 장사 지내십시오."

왕이 어찌하면 되는가 물으니, 우맹이 대답하였다. "옥을 다듬어 관을 짜고, 병사를 동원하여 무덤을 파게 한 후 그 앞쪽과 뒤쪽에 제후국의 사신이 줄지어 서게 하십시오. 그리고 사당을 세워 제사 지내십시오. 제후들이 이 소식을 들으면 대왕께서 사람을 천하게 여기고 말을 귀하게 여기는 줄을 알 것입니다."

왕은 자기 처사가 지나쳤음을 시인하고 말의 장례를 소문나지 않게 치르도록 하였다. 우맹의 풍자는 상대방의 감정이나 권위를 다치게 하지 않고 잘못을 깨닫게 하는 효과가 있었다.

또한 우맹이 청렴한 관리의 후손을 잘 돌보게 초楚 장왕을 일깨운 이야기도 있다. 재상 손숙오(제1장 '필전투의 오삼' 참조)가 병들어 죽기 전에 아들에게 당부하였다. "내가 죽으면 너는 틀림없이 가난해질 것이다. 그때 우맹을 찾아가서 '저는 손숙오의 아들입니다'라고 말하라."

손숙오가 말한 대로 그가 죽은 지 얼마 후 아들은 땔나무를 팔아 생계를 이어갈 정도로 가난해졌다. 아들이 아버지가 시키는 대로 하였더니 우맹은 그날부터 손숙오의 의관을 걸치고 그의 행동과 말투를 흉내 내었다.

어느 날 초楚 장왕이 주연을 베풀었을 때 우맹이 앞으로 나가 왕의 장수를 기원하였다. 왕은 움찔하며 놀랐다. 손숙오가 되살아난 듯하지 않은가! 왕이 그를 다시 재상으로 삼으려 하자 우맹은 먼저 아내와 상의하고 싶다고 한 발 빼었다.

며칠 뒤 우맹이 다시 방문하자 왕이 물었다. "그래 아내가 뭐라고 말했소?" 우맹이 대답하였다. "아내가 말렸습니다. 손숙오 같은 분은 나라를 잘 다스려 초나라 왕을 제후의 우두머리로 올려놓았는데, 그가 죽자 아들은 송곳을 세울 만한 땅도 없고 겨우 입에 풀칠하지 않습니까?" 그러고는 노래를 불렀는데 뒷부분을 소개하면 아래와 같다.

> 초나라의 재상 손숙오는 죽을 때까지 청렴을 지녔건만
> 이제 처자식은 가난하여
> 땔나무를 져서 풀칠을 하니 할 만한 것은 못 되네.

우맹이 노래하며 머리를 절레절레 흔들자, 초楚 장왕은 손숙오의 아들을 불러 땅 400호를 봉토로 주어 아버지의 제사를 받들게 하였다.

제나라의 순우곤

순우곤은 제齊 위왕 때의 사람이다. 위왕(재위: 기원전 356~320년)은 제나라에서 처음으로 왕호를 쓴 군주로서 계릉전투(기원전 354년)에서 당시의 강대국이었던 위나라를 깨뜨린 적이 있다. 순우곤은 키가 일곱 자(22.5 × 7 = 157.5cm)도 못 되고 외모가 보잘것없어도 익살스럽고 입담이 뛰어났다. 아래에서 세 편의 이야기를 보자.

첫째는 순우곤이 위魏 혜왕과 만났을 때의 일이다. 혜왕(재위: 기원전 370~334년)은 방연을 기용하여 영토 확장을 시도하였으나 계릉전투, 마릉전투에서 제나라에 참패하였고 군사적 요충지였던 서하의 땅마저 진나라(상앙)에 빼앗긴 후 수도를 안읍에서 동쪽의 대량으로 옮겼다.

> 순우곤은 혜왕을 두 차례나 만났으나 번번이 아무 말도 하지 않았다. 왕이 괴이하게 여겨 소개해 준 식객을 나무랐다. 식객이 까닭을 묻자, 순우곤은 대답하였다. "내가 처음 만났을 때 왕은 준마에 정신이 팔려 있었고, 두 번째는 노래 잘하는 사람에 쏠려 있었소. 그래서 나는 침묵하였소."

순우곤의 침묵은 혜왕의 관심이 딴 데 쏠려 있어 자신이 무시당하고 있으므로 할 말이 있어도 참고 대화를 아예 체념한 것이다. 그 뒤 순우곤이 혜왕을 다시 만나 입을 열자, 사흘 밤낮을 이야기하였는데도 왕은 피곤한 줄 몰랐다. 위魏 혜왕이 그를 공경과 재상[경상卿相]에 앉히려 하였으나 순우곤은 사양하고 물러났다. 그의 말솜씨가 어느 정도였는지 궁금해진다.

둘째, 순우곤은 제齊 위왕의 사신으로 조나라에 파견된 적이 있다. 기원전 350년 제나라가 초나라의 공격을 받자, 위왕은 그를 조나라에 보내 구원병을 요청하게 시켰다. 예물로 황금 100근, 사두마차 10대를 주겠다고 하니 순우곤은 하늘을 우러러보며 호탕하게 우하하 웃었다. 제齊 위왕이 '예물이 적어서 그런가' 물으니, 순우곤은 '제가 어찌 감히 그렇다고 말하겠습니까'라고 말하면서 웃은 까닭을 설명하였다.

> "신이 오늘 오는 길에 어떤 농부가 풍작을 비는 모습을 보았는데, 돼지 발 하나와 술 한 잔을 손에 들고 이렇게 빌었습니다.
>
> 높은 밭에서는 광주리에 넘치고
> 낮은 밭에서는 수레에 가득 차게
> 오곡이 풍성하게 익어
> 집 안에 넘쳐나게 해 주십시오.
>
> 신은 농부가 제물을 변변찮게 바치면서 그토록 많은 것을 원하고 있는 것을 생각하고 웃었습니다."

모름지기 농부는 목욕재계하고, 제사음식도 제대로 갖추며, 정성도 지극하게 기울여야 하였다. 제齊 위왕도 깨우치는 바가 있어 예물을 황금 1,000일, 백벽 10쌍, 사두마차 100대로 대폭 늘렸다. 순우곤이 조나라를 예방하니, 조趙 성후는 그에게 정예 병사 10만 명과 전차 1,000대를 내어주었다. 초나라는 이 소식을 듣고 밤중에 군사를 물리어 돌아갔다.

마지막으로 순우곤의 활달한 성품은 초나라 사신행에서 잘 드러난다. 제齊 위왕이 고니를 초나라에 바치게 시켰으나 순우곤은 도성을 나서자마자 고니를 날려 보내고 빈 새장만 든 채 초나라로 가서 선왕(재위: 기원전 369~340년)을 만났다. 그는 왕에게 변명하였다.

> "제나라 왕께서는 고니를 바치도록 하였는데, 신이 물가를 지나다가 고니가 목말라하는 것을 방치할 수 없어서 꺼내어 물을 먹이다가 그만 놓치고 말았습니다. 신은 배를 가르고 목을 매어 죽을까도 생각하였습니다만 사람들이 우리 왕을 보고 새나 짐승 때문에 선비가 스스로 목숨을 끊도록 하였다고 할까 봐 두려웠습니다.
>
> 고니는 비슷한 놈이 많아 한 마리를 사서 대신 가져올까 했지만 이것은 신의가 없는 행위로 우리 왕을 속이는 것이 됩니다. 도망치려고도 생각했지만 두 나라 군주 사이에 사신의 왕래가 끊길까 봐 가슴 아팠습니다. 그래서 여기까지 와서 잘못을 자백하고 대왕께 죄를 받으려 합니다."

의외로 초楚 선왕(도왕의 아들)은 칭찬하여 말하였다. "훌륭하다. 제나라에 이처럼 신의 있는 선비가 있었다니!" 왕은 그에게 많은 상을 내렸는데, 그것은 초나라가 도왕 때 귀족의 반발로 살처구장의 개혁가 오기를 아깝게도 잃은 터라 순우곤의 인덕仁德이 돋보인 탓일 지도 모른다. 순우곤은 말솜씨도 뛰어나지만, 뱃심 또한 두둑하지 않은가!

진나라의 우전

우전은 난쟁이 가수였는데 이치에 맞는 우스개를 곧잘 하였다. 그가 진시황(재위: 기원전 246~210년)이 베푸는 주연에 불리어 갔을 때 연회장을 막 들어서려는데 섬돌 아래의 호위병이 비에 젖어 오들오들 떨고 있는 게 보였다.

우전이 그들을 가엽게 여겨 말하였다. "너희들, 쉬고 싶으냐?" 호위병들이 이구동성으로 대답하였다. "그렇게 해 주신다면 고맙겠습니다." 우전이 그들에게 일렀다. "내가 너희들을 부르면 즉시 응답해야 한다."

얼마 후 연회장에서 진시황의 축수를 빌며 만세를 외쳤다. 우전도 난간에 기대어 큰 소리로 외쳤다. "섬돌 밑에 방패를 든 호위병들아!" 호위병들이 응답하였다. "예"

우전이 그들을 비꼬았다. "너희들은 키만 장승처럼 컸지 아무짝에 쓸모없이 비를 맞고 서 있구나! 나는 비록 난쟁이지만 이렇게 쉴 수 있도다!" 진시황이 그 말를 듣고 호위병들을 반반씩 교대하여 쉬게 하였다.

우전은 '비에 젖은 호위병' 이외에도 '황실 전용의 정원과 동물원', '성벽의 옻칠'에 대한 일화를 남겼다. 그는 황제의 비위를 거스르지 않으면서 그의 잘못을 고치게 하는 풍자가였다.

윤세주도 문화예술적 소양과 재능을 다분히 가지고 있었다. 경성형무소 투옥 중에 와세다대학 문학과(1년 6개월 과정)의 통신강의록을 구독한 바 있고 그의 집안에 전하는 한문의 문헌류 중에 소설이나 시문집이 많은 것을 보면 젊은 시절에 문학적 소양을 다분히 쌓았던 것으로 보인다.

그는 7년의 옥고(1920~1927년)를 치른 후 출소하여 신간회 운동을 하던 중 나운규 감독 · 주연의 '아리랑'이 밀양에서 상영되자 잠깐 변사로서 활동하였다. 당시의 영화는 모두 무성영화였는데, 변사가 배우의 대사를 대신해 주었다. '아리랑'의 줄거리는 다음과 같다.

김영진은 3.1운동의 충격으로 실성하였다. 그가 친구 윤현구를 알아보지 못하자, 동생 영희가 대신하여 친구를 맞이한다. 현구와 영희는 사랑에 빠진다.

풍년의 농악제가 열린 날 악덕 지주의 머슴이자 왜경 앞잡이인 오기호가 영희를 범하려 하였다. 이때 윤현구가 나타나 오기호와 싸움을 벌이고, 김영진은 낫으로 오기호를 찌른다. 유혈낭자한 시신을 보는 순간 김영진은 충격을 받아 정신을 되찾는다. 그는 일본 경찰에 끌려가면서 외친다.

"여러분, 울지 마십시오. 이 몸이 삼천리강산에 태어났기에 미쳤고 사람을 죽였습니다. 지금 이곳을 떠나는, 떠나려는 이 영진은 죽음의 길을 가는 것이 아니라 갱생의 길을 가는 것이오니 여러분 눈물을 거두어 주십시오."

아리랑 아리랑 아라리오 아리랑 고개로 넘어간다
나를 버리고 가시는 님은 십 리도 못 가서 발병 난다

영화가 막을 내리면서 변사가 아리랑 노래를 구성지게 부르자 관객들은 눈물을 쏟으며 따라 불렀다. 변사 윤세주는 민중의 가슴마다 민족혼을 한껏 불어넣었다.

윤세주는 조선의용대의 군가 '최후의 결전'(1938년)을 작사하였다. '국제정치의 기본 동력과 종국적 추세'(『민족혁명』 제2호, 1936년)에서 일본제국이 영국·미국·소련에 밀려 머지않아 멸망한다는 확신을 보여준 바 있으며, 이에 기반하여 노랫말을 쓴 것이다. 제1절은 아래와 같다.

최후의 결전을 맞으러 가자 / 생사적 운명의 판가리로
나가자 나가자 굳게 뭉치어 / 원수를 소탕하러 나가자
총칼을 메고 혈전의 길로 / 다 앞으로 동지들아
혁명의 깃발 우리 앞에 날린다 / 다 앞으로 동지들아

이 군가는 조선 민중을 중국의 항전에 동원하여 압록강과 두만강 건너 진공함으로써 우리의 독립을 달성할 수 있다는 믿음을 심어주었다.

3. 협객과 점술가

청포 입은 협객

춘추전국시대의 자객이나 한漢나라 때의 유협游俠은 통치 계층의 나쁜 짓을 도와주어 이익을 취하는 부류도 있었지만, 곤경에 빠진 친구나 백성을 목숨 바쳐 구해주는 부류도 적지 않았다. 그들은 말에 믿음이 있고 행동이 과감하며 희생을 무릅쓰고 남을 구제하여 뭇사람의 칭찬을 받았다.

〈사기 열전〉 '유협'(#64)은 주가, 전중, 왕공, 극맹, 곽해 등 다섯의 서민 협객 중에서 곽해를 비중 있게 다루었다. 곽해는 심성이 음험하고 잔인하여 젊어서는 강도, 살인 등을 많이 하였으나 나중에는 곤경에 빠진 사람을 구제해 주어 민심을 끌었다.

어느 날 곽해의 외조카가 살해되었다. 그가 사람을 풀어 누구 짓인지 알아내자, 범인은 사실대로 자백하였다. 누이의 아들이 곽해의 위세를 빌어 자기에게 술을 강제로 마시게 하였으므로, 욱하여 칼로 찔렀다는 것이다. 곽해는 범인을 용서하였다. "당신이 그를 죽인 건 당연하오, 내 조카가 곧지 못했소." 사람들은 곽해를 칭송하며 그를 따랐다.

그러나 곽해를 우습게 여기는 사람도 없지 않았다. 문객들이 그의 성과 이름을 알아내어 죽이려 하자 곽해가 말렸다. "마을에서 존경받지 못하는 것은 나의 덕이 부족한 탓이오. 그에게 무슨 죄가 있겠소?" 그러고는 징집관을 찾아가 부탁하였다. "이 사람은 내가 소중히 여기는 분이니 병역 교체의 순번이 될 때 면제시켜 주시오." 그 사람은 그

것이 곽해의 덕분이었음을 알고 그를 찾아가 뉘우치며 빌었다. 소문을 들은 젊은이들은 곽해를 더욱 사모하였다.

무엇보다도 곽해는 누군가의 부탁을 받으면 반드시 해내었다. 낙양의 어느 두 집안이 서로 원수가 되었지만, 고을의 누구도 그들을 중재할 수 없었다.

> 곽해는 밤중에 두 집을 찾아가 타이르니 그들은 자기의 생각을 고쳐 곽해의 말을 따르기로 하였다. "하지만 내가 어찌 그동안 중재에 나섰던 고을의 어진 분들의 권위를 빼앗을 수 있겠소? 그러니 당신들은 잠시 내 말을 받아들이지 않는 것처럼 하고, 내가 고을을 떠난 이후 다시 낙양의 인사들이 중재에 나서면 그때 그들의 말에 따르는 것으로 해 주시오." 곽해는 그날 밤 몰래 낙양을 떠났다.

뽐내지 않는 곽해의 의협심을 높이 평가하여 사람들은 그를 따라 유협이 되고자 했다. 추종자 중에 이육사, 윤세주 등 의열단원도 있었다. 이육사는 윤세주를 모델로 하여 '청포도'(1939년)를 발표하였는데, 시의 후반부에 '청포를 입고'가 나온다. 이것은 포의지협布衣之俠 즉 유협과 관련되어 보인다.

> 내가 바라는 손님은 고달픈 몸으로
> 청포靑袍를 입고 찾아온다고 했으니,
>
> 내 그를 맞아 이 포도를 따 먹으면
> 두 손은 함뿍 적셔도 좋으련,
>
> 아이야, 우리 식탁엔 은쟁반에
> 하이얀 모시 수건을 마련해 두렴.

이육사는 '유협 열전'을 읽었고, 윤세주와 함께 공감을 나누었을 것이다. 자객이든 유협이든 과업을 다한 후에는 죽음을 면할 수 없고 따라서 이 시에서 손님을 맞는 장소가 지상이라기보다는 천국이라는 점에서 '청포도'는 독립운동가를 위한 일종의 진혼곡이라고 할 수 있다.

점술가 사마계주와 위평

오늘날 점술은 미신으로 취급되지만, 고대 중국의 왕은 중요한 의사 결정을 내릴 때마다 자주 이용하였다. 〈사기 열전〉 '일자'(#67)와 '귀책'(#68)은 사마계주와 위평을 다루었다. 일자日者는 일식, 월식, 유성, 혜성 등 천문을 관찰하여 길흉을 미리 알아보는 점술가이고, 귀책은 거북의 등껍질[귀龜]과 시초[책策]로 점치는 것을 일컫는다.

전한(기원전 202년~기원후 8년)의 수도 장안에 사마계주司馬季主라는 점술가가 있었다. 중대부 송충과 박사 가의가 궁궐 밖으로 휴가를 나왔다가 저잣거리에서 명성이 자자한 사마계주를 찾아가 그의 풍모와 도량을 가늠해 보기로 하였다.

> 마침 사마계주가 제자들에게 천지의 도, 일월의 운행, 길흉의 근본을 설명하는 중이었다. 송충과 가의가 그의 말을 들어보니 이치에 어긋난 게 전혀 없었다. 그들은 옷깃을 여미고 물었다. "어진 분께서는 어떻게 이런 낮은 곳에서 살면서 지저분한 일을 하십니까?"

흔히 언행이 미덥지 못하다는 점술가로 저잣거리에서 살고 있음을 꼬집은 것이다. 사마계주는 항간에 벼슬하는 '어진 분'은 부끄러운 자라고 반박하였다.

> "공적을 말할 때 거짓을 보고하기도 하고, 사실을 과장하기도 하며, 없는 것을 있는 것처럼 하기도 하고, 적은 것을 많은 것처럼 꾸미기도

하여 자기에게 유리한 권세와 높은 지위를 구합니다. 주연과 말타기 놀이를 일삼으며 미녀와 노래하는 여자를 좇느라 부모를 돌보지 않고, 법을 어겨 가며 백성을 해치고 나라를 텅 비게 합니다.

이것은 창과 칼을 들고 있지는 않지만 도둑질하는 것이고, 칼을 쓰지는 않지만 남을 공격하는 것입니다. 부모를 속였지만 아직 그 벌을 받지 않고, 임금을 죽였으나 아직 그 벌을 받지 않은 것뿐입니다. 어떻게 그들을 높고 어진 사람이라고 할 수 있겠습니까?

이런 무리는 도적이 일어나도 막을 수 없고, 오랑캐가 복종하지 않아도 평정할 수 없으며, 간사한 일이 생겨도 막지 못하고, 관직의 기강이 어지러워져도 다스릴 수 없으며, 사계절이 조화를 이루지 못해도 조절할 수 없고, 그해의 곡식이 흉년이 들어도 조절할 줄 모릅니다. 능력이 있는데도 이를 실행하지 않는다면 이것은 국가에 대한 불충입니다. 능력도 없이 관직에 앉아 주는 봉록만을 탐하고 어진 사람을 방해한다면 이는 벼슬을 도둑질하는 것입니다."

이것은 당시의 공직자를 크게 꾸짖는 말이다. '점술가는 오로지 천지를 본받고 사계절을 모방하며, 인의에 순응하여 책(점치는 시초蓍草)을 나눠 괘를 정하고 식(점치는 도구)을 돌려 기를 바로 잡은 뒤에야 천지의 이해와 일의 성패를 말한다'면서 사마계주는 점술의 은덕을 강조하였다.

"점을 부탁하는 자는 수십 전에서 100전까지 냅니다. 이로써 아픈 사람이 낫고, 죽어가던 자가 되살아나며, 재앙을 면하는 사람도 있고, 사업을 이루는 사람도 있으며, 자식을 장가들이고 며느리를 맞이하여 인생을 누립니다. 베푸는 이익은 크지만 받는 사례는 적으니 점치는 일은 결코 못할 짓이 아니라 은덕 중의 은덕입니다."

송충과 가의는 넋이 나간 양 아무런 대꾸도 하지 못하였다. 사흘 뒤 두 사람이 길에서 마주치자 한쪽이 탄식하며 말하였다.

"도란 높을수록 더욱 편하지만, 권세는 높을수록 더욱 위태롭다. 점을 쳐서 정확하지 않은 일이 있어도 복채를 빼앗기는 일은 없지만, 임금을 위해 꾀한 일이 맞아떨어지지 않으면 몸 둘 곳이 없다. 나와 당신이 그 사람처럼 세상을 편안히 살 수 있겠는가?"

다음으로 거북의 등껍질[복卜]과 시초[서筮]로 점치는 복서를 보자. 고대인에게 거북과 시초는 신령스러운 것이어서 이 둘을 얻어 점을 친다면 길흉을 헤아릴 수 있다고 믿었다. 왕은 병의 완쾌를 빌거나 아내 또는 며느리를 정하거나 전쟁을 일으키고 장수를 전쟁에 내보내는 등 중대사에는 거북으로 점을 보았다.

어느 날 송나라 원왕이 꿈을 꾸었다. 검은색 옷을 입은 대장부가 나타나 자기가 장강長江의 신을 위해 사신으로 황하黃河의 신에게 가는 길에 '예저'라는 어부에게 붙잡혀 있으니 구해 달라는 게 아닌가! 왕은 박사 위평에게 해몽을 요청하였다.

위평이 점을 치니 거북의 형상이 나타났으므로 급히 그 어부를 찾아내어 거북을 가져오게 하였다. 왕이 거북을 불쌍히 여겨 놓아주게 하자 위평은 애써 말렸다.

"이 거북은 천하의 보물이기에 남보다 먼저 이 거북을 얻는 사람이 천자가 되며, 이 거북으로 점을 쳐 열 번 물어보면 열 번 다 알아맞히고 열 번 싸우면 열 번 다 이깁니다."

왕이 차마 거북을 붙들어 둘 수 없다고 거듭 우기므로, 위평은 절대로 그럴 수 없다면서 간언하였다.

"하늘이 준 것을 받지 않으면 하늘은 그 보물을 도로 빼앗는다고 합니다. 왕께서는 덕이 있어 거북을 얻었는데, 그것을 받지 않고 보내시면 송나라에 재앙이 있을 것입니다."

원왕은 태양을 향해 감사드리고 두 번 절한 뒤에 거북을 받았다. 이 거북으로 점을 쳤는데, 말하는 것마다 모두 맞았다. 싸우면 반드시 이기고, 치면 반드시 빼앗는데 송나라의 원왕만 한 사람이 없었다. 그 무렵 송나라가 강했던 것은 거북의 능력 때문이었다고 한다. 그렇다! 친절이나 호의는 고맙게 받아들이고, 꼭 사양 또는 거절할 때에는 신중해야 할 것이다.

물론 일반인도 점을 보았다. 환자나 감옥에 갇힌 사람을 위하여, 재물을 구하거나 노비 · 말 · 소를 사거나 팔 때, 도둑을 잡으러 갈 때, 관직을 옮길 때, 여행할 때, 기다리는 사람이 있을 때, 부탁한 일의 성사가 궁금할 때, 풍년의 여부를 알고자 할 때, 전염병이나 전쟁의 발생을 알고자 할 때 등이었다.

하지만 복서卜筮는 원한의 상대방을 모함하여 해를 입히는 데 이용되기도 하였으므로 『시경』은 그것에만 의존하지 말 것을 경계하였다.

> 의심나는 일을 생각하고 결정할 때 다섯 가지 묻는 방법(자기 생각, 신하, 백성, 복, 서)이 있는데, 이것으로 점쳐서 많은 쪽을 따른다.

꿈의 해석과 관련하여 윤세주와 비슷한 시대를 살았던 통도사 경봉鏡峰대선사(1892~1982년)의 '해몽가 이야기'를 들어보자.

> 임금은 꿈을 허망한 것으로 여겼다. 어느 날 해몽가를 엄벌하기 위해 자기가 거짓으로 지어낸 꿈을 풀이하게 시켰다. "짐이 간밤에 꿈을 꾸었는데, 대궐의 기왓장 하나가 비둘기로 변해 날아갔노라. 이것은 무슨 조짐인가?"
>
> 해몽가는 대답하였다. "그것은 궁중 안의 한 사람이 죽을 징조입니다." 아니, 꾸지도 않은 꿈에 무슨 허튼 수작인가? 해몽가는 곧바로 감금되었는데, 한나절이 지났을 때 궁녀들끼리 다투다가 한 궁녀가 죽어 그

의 해몽이 맞아떨어진 게 아닌가!

임금이 자기 생각을 그에게 털어놓자, 해몽가는 다음과 같이 대답하였다. "잠 속에서 꾸는 것만이 꿈이 아닙니다. 눈을 뜨고도 한 생각 일어나면 그것도 역시 꿈입니다. 저는 임금님에게 일어난 생각을 풀이하였습니다." 임금은 그의 말에 크게 깨달은 바가 있어 해몽가에게 후한 상을 내렸다.

여기에서 해몽가는 임금에게 일어난 생각을 풀이하여 미래의 일을 알아맞혔다. 꿈은 우리의 '한 생각'과 함께 일어나므로 마음이 밝지 못하면 환몽幻夢이요 마음이 어둡지 않으면 진몽眞夢이다. 대선사의 말대로 꿈과 현실은 결코 별개가 아니다.

제6장

윤세주의 출사표

1. 인재는 보배

    제후들의 인재 중시 / 전국사군자의 식객

2. 윤세주의 우상

    10대 승상 감라 / 자객 섭정과 형가 / 개혁가 상앙

'사람의 역사는 사람이 만든다.'

이것은 석정 윤세주가 진정한 혁명가를 논하는 '황무지밭을 가는 소'(『앞길』 제11호 사설: 석전경우石田耕牛, 1937. 5. 10.)의 첫머리에 던진 말이다. 석정이 '사람' 즉 인재를 소중히 여긴 것은 전국시대의 제후 또는 전국 사군자의 영향이 아닌가 생각된다. '윤세주의 우상'을 살펴보기 전에 전국시대 초기의 위魏 문후와 제齊 위왕, 중기의 맹상군 및 말기의 신릉군에게 어떤 사람들이 모여들었는지부터 알아보자.

1. 인재는 보배

'삼고초려'는 후한後漢 말 유비가 제갈량을 끌어들이기 위해 그의 초가집[초려草廬]을 세 번 찾아갔던[삼고三顧] 데에서 비롯된다. 이 고사는 나라의 지도자가 인재 앞에서 얼마나 겸손하였는지 말해준다.

제후들의 인재 중시

유능한 인재의 중시는 전국시대 초기의 두드러진 추세이었는데, 위魏 문후와 제齊 위왕의 경우를 첫손에 꼽을 수 있다. 먼저 '위魏 문후와 단간목'의 일화를 보자.

> 위魏 문후가 서하西河의 단간목을 찾아갔다. 문후가 수레에 앉은 채 집 앞까지 오자 단간목은 뒷담을 넘어 달아났다. 한 달 후 문후가 재방문하였는데, 이번에는 집 가까이 이르자 수레에서 내려 허리를 굽히고 걸어왔다. 문틈으로 엿보던 단간목은 문후의 성의에 감동하여 그를 맞이하였다.

문후는 그를 궁으로 모셔 상빈으로 받들었다. 이 소문이 전해지자 훌륭한 인재가 다투어 위나라에 모였고, 국경을 맞댄 진나라는 위나라에 인재가 많은 것을 두려워하여 섣불리 침공하지 못하였다.

위魏 문후는 어찌 이토록 겸손하였을까? 그의 태사였던 전자방(공자의 손제자)의 말대로 '임금이 거만하면 나라를 지키지 못하고, 대부가 거만하면 가문을 유지하지 못하기' 때문이다.

반면에 단간목은 지극히 거만하였다. '선비는 나물국을 먹고 삼베로 만든 옷을 입는 게 고작이니 늘 가난하다. 자신을 알아주는 주인을 만나면 능력을 발휘하고, 뜻이 맞지 않으면 떠나면 그만이니 누가 길을 막겠는가? 따라서 빈천한 자는 거만할 수 있지만, 부귀한 자는 거만해서는 안 된다'는 것이다.

다음으로 제齊 위왕(민왕의 할아버지)의 경우는 어떠한가? 위왕은 기원전 355년에 위魏 혜왕(문후의 손자)을 국경 부근에서 만나 함께 사냥한 적이 있다. 그때는 두 나라 간에 계릉전투가 벌어지기 한 해 전이다. 두 왕은 다른 제후들보다도 일찍 왕호를 쓴 것만 보아도 자기 나라에 대한 자부심이 대단하였다.

위魏 혜왕이 자랑삼아 말을 꺼내었다. "과인이 보물을 하나 얻었는데, 크기가 한 치쯤 되고 거기에서 뿜어나오는 빛이 수레 12개를 연결한 거리만큼 멀리 비칩니다." 이에 제齊 위왕도 질세라 자랑거리를 늘어놓았다.

"과인에게는 그런 보물은 없소. 하지만 보물 같은 인재는 많지요. 단자에게 남쪽 국경을 지키게 했더니 초나라가 함부로 넘보지 못하고 사수泗水 가에 있는 열두 제후가 모두 조회하러 옵니다.

전힐이 고당 지방을 지키자, 조나라 사람들이 하수河水에서 고기잡이

> 를 못 하고, 검부가 서주를 지키니 사람들이 잠을 편히 자지 못한다고 합니다.
>
> 종수가 도둑을 다스리는 사구(재판관) 벼슬을 하고부터는 길에 물건이 떨어져 있어도 주워가는 사람이 아무도 없습니다. 이들이야말로 제나라의 보배인데, 그들이 뿜는 빛은 천 리도 더 비칠 듯합니다."

제齊 위왕은 수도 임치에 학궁學宮을 설치하였다. 여러 나라의 학자를 초빙하여 정치를 논하게 하고 인재를 선발하여 기용함으로써 국력 신장을 꾀하였다. 거기에서 맹자, 순자 등 많은 학자가 배출되었다.

도대체 인재는 어떻게 길러지는 걸까? 사마천은 '일자'(#67)에서 서한 시대 장안(산시성)의 역술가였던 저소손의 말을 인용하였다.

> 옛말에 '그 땅이 아니면 심어도 나지 않고, 그 뜻이 아니면 가르쳐도 소용이 없다'고 합니다. 집에서 자손을 가르칠 때 먼저 그들이 좋아하는 것을 알아야 합니다. 좋아하는 것은 참으로 그들의 생활과 맞는 것이니 그것을 좇아 가르치면 마침내 이루게 됩니다.

우리는 자신의 재능을 키우기 전에 본인의 관심사가 무엇인지, 그 일을 할 때 본인이 얼마나 좋아하는지, 그것을 좇아 배울 수 있는지부터 알아야 하겠다.

잘 다듬어진 옥玉은 숲속에 버려져도 빛이 난다고 한다. '잘 다듬어진 옥'이란 조각같이 잘생긴 사람이 아니라 '스스로 절차탁마한 사람'을 비유한 것이다. 옥을 자르고[절切] 쓸고[차磋] 쪼고[탁琢] 갈[마磨] 듯이 사람이 꾸준히 학문에 정진하고 인격을 수양하면 언제든 어디서든 잘 드러나기 마련이다.

전국사군자의 식객

전국시대 중기 이후의 인재 집단으로 식객이 있었다. 〈사기 열전〉은 '맹상군'(#15), '평원군'(#16), 신릉군 즉 '위공자'(#17), '춘신군'(#18) 등 전국사군자의 행장을 기록하였는데, 각자는 수천 명의 식객食客을 거느렸다. 조나라의 평원군과 초나라의 춘신군에 대해서는 제3장에서 다루었으므로 여기에서는 제나라의 맹상군과 위나라의 신릉군을 들여다본다.

전국사군자	성명	생몰(기원전)	출신	주요 식객
맹상군	전문	?~279년	제나라	풍환, 계명, 구도, 하후장
평원군	조승	?~251년	조나라	모수, 공손룡, 추연
신릉군	위무기	?~243년	위나라	후영, 주해, 모공, 설공
춘신군	황헐	?~238년	초나라	주영, 순자

'식객'이라는 인재 집단은 제나라의 맹상군에 의해 처음 만들어졌다. 맹상군(전문)이 젊었을 때 어느 날 아버지 전영(선왕의 동생)에게 말하였다.

> "아버님께서 제나라의 재상이 되어 지금까지 위왕, 선왕, 민왕 세 분을 섬겼습니다. 그동안 나라의 영토는 늘지 않았는데, 우리 집안은 엄청난 부를 쌓았으며 그러고도 문하에는 어진 사람 한 명 찾아볼 수 없습니다.
>
> 집안사람은 남아돌도록 먹지만, 선비들은 쌀겨나 술지게미조차 마다하지 않습니다. 아버님께서는 재산을 어떤 이에게 남겨주려는지 모르시고 또한 나라의 힘이 쇠약해지는 것을 잊고 계시지 않으십니까?"

아버지는 식객을 집으로 불러들여 대접하는 일을 아들 맹상군에게 맡겼다. 식객이 날로 늘어나면서 맹상군의 이름은 제후들에게 널리 알려졌다.

식객에는 상·중·하의 계층이 있었다. 맹상군의 식객 중에서 풍환의 사례를 보면, 식객은 낮은(전사 거주), 중간의(행사 거주) 그리고 높은(대사 거주) 계층으로 구분되었음을 알 수 있다.

> 풍환이 남루한 행색으로 맹상군을 찾았다. 그는 처음에는 신분이 낮은 식객의 숙소인 전사傳舍로 안내되었다. 그가 '식사에 생선 반찬이 없다'고 불평하자, 중간 계층의 식객을 위한 행사幸舍로 옮겼다. 풍환이 또다시 불평하였는데, '드나들려고 해도 수레가 없다'는 게 아닌가? 맹상군은 그를 상층의 빈객이 드는 숙소, 즉 대사代舍로 옮겨주었다.

전국시대의 식객은 신라 화랑도와 닮은 점이 있다. 화랑도는 진골 출신의 화랑을 구심점으로 다양한 신분의 낭도가 모여 만들어진 인재 집단이었다. 진흥왕(재위: 540~576년) 때 사다함은 그의 낭도가 1,000명에 이르렀다.

맹상군의 식객은 여러 일화를 남겼는데, '계명구도'와 '교토삼굴'이 대표적이다. 먼저 계명구도鷄鳴狗盜, 즉 '닭 울음과 개처럼 빠른 도둑'을 보자.

기원전 299년 진秦 소양왕은 맹상군(제齊 선왕의 손자)을 재상으로 영입하고자 하였고, 제齊 민왕(선왕의 아들)도 꺼릴 이유가 없었다. 제齊 선왕은 일찍이 초나라(회왕)가 제나라와의 동맹을 일방적으로 깨자 진나라를 끌어들여 함께 분풀이한 적이 있다. 진나라는 맹상군의 영입을 기화로 제나라와의 교분을 더욱 두텁게 하고자 한 것으로 보인다.

막상 맹상군이 함양에 들어오자, 진나라의 신하가 진언하였다. "맹상군이 진나라의 재상이 되면 제나라의 이익을 앞세울 것이고 진나라는 위태로워집니다." 이에 소양왕은 맹상군을 붙잡아 두었다가 계략을 짜내 죽이려 하였다. 진나라가 천하 통치의 경쟁자로 제나라를 얼마나 경계하였는지 알 수 있다.

맹상군은 소양왕이 아끼는 첩에게 사람을 보내 자기를 풀어주도록 간청하였다. 애첩은 여우 가죽옷(호백구狐白裘)을 준다면 가능하다고 하였다. 이것은 여우의 겨드랑이 흰 털만 모아서 만든 옷인데, 한 벌에 여우 1만 마리가 소요되는 진귀한 명품이었다. 맹상군은 호백구를 왕에게 이미 바쳤고 이제는 가지고 있지 않았다.

> 맹상군이 고민에 빠져 있자, 식객 중에서 구도가 나서서 호백구를 소양왕의 곳간에서 훔쳐 왔다. 이를 왕의 첩에게 바치니 맹상군은 간신히 풀려날 수 있었다.
>
> 일행은 서둘러 귀국길에 나섰다. 한밤중에 국경의 함곡관에 다다랐지만, 관문은 아침에 닭이 울어야 열린다는 게 아닌가! 이때 식객 가운데 흉내를 잘 내는 자가 나섰다. 그가 닭 울음을 울자 근처의 닭들이 모두 울었고, 드디어 관문이 열려 맹상군은 진나라를 탈출할 수 있었다.

함곡관은 관중關中 지역의 동쪽 관문이며, 관중은 동(함곡관)·서(대산관)·남(무관)·북(소관)의 네 관문 안쪽에 있는 넓은 지역을 일컫는다. 맹상군이 억류되었다가 탈출하는 과정에서 '개처럼 빠른 도둑'이나 '닭 울음'처럼 하잘것없는 인재나 재주도 요긴하게 쓰였다. 이것은 맹상군이 신분의 귀천을 가리지 않고 식객을 예우하였음을 말해준다.

맹상군은 진나라를 빠져나오면서 앞으로 이따위 나라와 친교하기 어렵다고 판단하였을 것이다. 그가 조나라 국경에 이르자 평원군이 마중 나와 있었는데 이때 두 사람은 진나라를 성토하는 대화를 나누지 않았을까? 다음 해 제나라는 합종군을 이끌고 2차 함곡관전투(기원전 298~296년)에서 진나라를 격파하였고, 진나라는 황하 동쪽의 땅을 한 · 위나라에 되돌려주어야 하였다.

이어서 교토삼굴狡兎三窟을 보자. '영리한 토끼는 세 개의 굴을 파 둔다'는 것이 대체 무슨 소리인가? 진나라와 제나라가 서제西帝와 동제東帝라고 불릴 정도로 맹위를 떨치던 때이었다. 제齊 민왕은 주나라의 공자 주최를 쫓아내고 진나라에서 온 여례를 재상직에 앉혔다. 여례는 위염의 재상 임명을 반대하였다가 위협을 받자 망명하였고, 제나라는 여례를 기용한 후 진나라와 합세하여 삼진(위 · 조 · 한)을 협공하고자 하였다.

왜 제나라는 갑자기 진나라와 화해하는 분위기로 돌아섰을까? 국가는 개인보다 훨씬 복잡한 이해관계에 얽혀 있으므로 〈이솝 우화〉 '개와 토끼'처럼 친구와 원수 사이를 오락가락할 수도 있을 것이다.

> 사냥개가 토끼를 잡아 어떤 때는 물고 다른 때는 입을 여기저기 핥았다. 토끼는 개를 거부하면서 말했다. "이봐, 물든지 입 맞추든지 둘 중 어느 하나만 하시죠. 당신이 적인지 친구인지 도무지 알 수가 없잖아요."

그러나 맹상군은 제齊 · 진秦의 화친에 반발하였다. 10여 년 전 자기가 진나라에 억류되어 죽을 뻔한 사건을 어찌 잊었겠는가? 그는 진나라의 위염에게 몰래 편지를 보내 자신뿐 아니라 위염에게도 재상의 지위가 위태롭게 되므로 차라리 제나라를 치게 하였다.

여례가 눈치채고 줄행랑하자 제齊 민왕은 맹상군을 제거하려 들었고, 진秦 소양왕도 그를 헐뜯는 공작을 폈다. 민왕은 제2장의 '송나라 멸망'에서 보았듯이 기원전 286년 맹상군을 재상직에서 쫓아내어 버렸다. 살해 위협까지 받은 맹상군은 제서전투가 터진 기원전 284년 위魏나라로 망명하였다. 그의 망명은 풍환이 앞날을 내다보고 미리 준비해 둔 계책이었다.

풍환이 맹상군에게 조언하였다. "교활한 토끼는 도망치기 위한 동굴을 셋 둡니다. 당신은 도망칠 곳이 설薛 땅뿐입니다. 위나라에도 달아날 동굴을 하나 더 만들어 두어야 합니다." 맹상군은 그 일을 풍환에게 맡겼다.

풍환은 위나라 왕을 만나 말하였다. "민왕은 맹상군을 해임한 적이 있습니다. 그를 부르면 위나라는 부국강병으로 이어질 것입니다." 위나라 왕은 맹상군을 위해 높은 자리를 비워두었다.

'교토삼굴'은 만일의 경우를 대비하여 이중삼중의 대비책을 마련한다는 뜻이다. 오늘날 우리들의 복수전공, 분산투자, 출구전략 등은 모두 교토삼굴의 지혜에 속한다.

다음으로 위공자魏公子 신릉군의 경우를 보자. 그는 후영이나 주해같이 신분이 미미한 자에게도 공손하였다. 후영은 비범한 모략을 가졌으나 가난하여 성문 감독관으로 연명하였고, 주해는 유능한 무사였으나 알아주는 사람이 없어 저잣거리에서 푸줏간을 꾸리고 있었다.

신릉군(위공자)은 후영이 비범한 재주를 지녔다고 듣고서 조정의 각료와 명사가 모인 연회장에 그를 모시고자 하였다.

공자公子는 수레와 기마를 거느리고 왼쪽의 상석을 비운 채 몸소 후영을 맞으러 성문으로 갔다. 후영은 다 해진 옷과 모자를 걸치고 공자의 윗자리에 올라타고는 조금도 사양하지 않았다. 공자는 말고삐를 잡은 채 공손하게 대하였다.

신릉군은 후영의 거드름을 잘 참아냈다. 그런데 후영이 한술 더 떠서 저잣거리의 친구인 주해에게 들르자는 게 아닌가! 신릉군은 조금도 싫어하는 기색 없이 순순히 수레를 몰아 저잣거리로 갔고, 후영이 수레에서 내려 주해와 한담을 나누는 동안 내내 기다렸다. 신릉군의 인내심을 시험하는 듯하였다.

두 사람이 연회장에 이르자 신릉군은 후영을 윗자리에 앉히고 빈객에게 소개하였다. 그가 행색이 초라한 자를 극진히 예우하니 사람들은 의아하게 여겼다. 술자리가 무르익어 갈 무렵 신릉군은 일어나 후영 앞으로 나아가 장수를 기원하는 술잔을 올렸고, 그러자 후영이 답례하였다.

> "오늘 저도 공자를 위해 일을 할 만큼 했습니다. 저는 성문 문지기에 불과하지만, 공자께서는 몸소 수레와 기마를 끌고 오셔서 이곳으로 맞아 주셨습니다.
>
> 공자께서는 구차함을 무릅쓰고 저의 친구 주해에게도 들러주었습니다. 시장 사람은 저를 소인이라 하고, 공자를 선비에게 몸을 낮출 줄 아는 장자長者(덕망 있는 어른)라고 했을 것입니다."

후영이 거만을 떤 것도 알고 보니 신릉군을 위한 일이었다. 비천한 선비까지도 받들었으니, 인재를 중히 여기는 신릉군의 명성은 드높아졌다. 후영과 주해는 제3장의 '평원군과 한단포위전'에서 조나라를 돕고자 하는 신릉군에게 절부구조竊符救趙의 묘책을 일러주고 실행하는 것을 도왔다.

석정 윤세주도 인재 양성에 한몫하였다. 1931년 만주사변이 터지자 국내에서 합법적인 사회운동이 불가능해졌다. 이듬해 석정이 중국으로 망명하여 수도 남경(장쑤성)에서 가장 먼저 시도한 일은 의열단의 조선혁명간부학교를 통해 청년 투사를 양성하는 사업이었다. 그는 간부학교 제1기(1933년)를 졸업한 후 교관으로 남아서 제2기(1934년)와 제3기(1935년)를 길러냈다.

윤세주가 인재를 얼마나 소중히 여기고 그들의 희생을 얼마나 애통하였는가는 제2기 졸업식의 훈화에서 엿볼 수 있다. 경상남도 밀양시 내이동 생가터의 '윤세주열사 어록비'(뒤표지의 사진 참조)에 새겨져 있는 그의 훈화를 보자.

> "제군의 선배 중에는 교수대의 이슬로 사라진 이 적지 않았고, 이들 선각자들은 우리 민족운동의 존귀한 희생자가 되었습니다. 이들 영령을 위로하는 의미에서도 몸을 던져 혁명운동에 매진할 각오와 신중한 수단이 요구되니, 제군은 동지를 위하여 혁명을 위하여 죽었다고 말해짐을 두려워하지 마십시오."

여기에서 '교수대의 이슬로 사라진 이 적지 않았고'라 함은 제1기 졸업생 26명 중에서 무려 16명(62%)이 희생되었음을 가리킨다. 제2기부터는 윤세주가 졸업생 관리와 임무 부여 등을 도맡았는데, 그는 임지로 떠나는 졸업생에게 아무쪼록 자중자애自重自愛(자신을 소중히 여기고 아낌)할 것을 훈시하였다.

> "각자 자중자애하고, 단의 혁명공작에 신명을 바쳐 분투노력하라. 감정에 지배되지 말며 경거망동해서도 안 된다. 희생을 크게 함은 단의 힘을 죽이는 것과 같다."

그 이후 제2기는 희생자가 졸업생 55명 중 14명(25%)으로 대폭 줄어들었고, 제3기는 44명 중 1명(2%)에 그쳤다. 여기에서 윤세주의 인재 양성과 관리가 얼마나 유효하였는지 알 수 있다.

2. 윤세주의 우상

석정 윤세주는 평생을 독립과 자유의 나팔수로 살았다. '자유가 없는 삶은 노예나 마찬가지 아닌가? 독립과 자유를 되찾아야 해. 이것이야말로 가장 정의롭지.' 그는 〈사기 열전〉에서 자신의 우상을 찾을 수 있었다. 청년 시절에는 '10대 승상 감라'와 '자객 섭정과 형가', 장년 시절에는 '개혁가 상앙'을 숭배하였을 것으로 생각된다.

10대 승상 감라

〈사기 열전〉에 등장하는 주요 인물 중에서 청소년은 진왕정 때 승상(재상)을 지낸 감라가 유일하다. 감라는 진秦 무왕 때 승상이었던 감무의 손자인데, 아버지를 일찍 여의고 갈 곳 없어 하므로 여불위(~기원전 235년)가 거두어 돌보았다. 감라는 열두 살이지만 어찌나 영민하던지 평소에 귀여움을 독차지하였다. 그는 어린 나이에 어떻게 고위직에 오를 수 있었을까?

전국시대 말 진왕정이 조나라를 치기 위하여 신하와 작전계획을 짜고 있는데 채택이 아뢰었다.

> "연나라는 조나라에 묵은 원한이 있습니다. 서로 가까이 지내는 듯하지만, 본심이 아닙니다. 두 차례나 조나라에 패한 적이 있어 속으로는 복수의 기회를 노리고 있습니다. 신이 연나라 왕에게 우리와 손잡고 조나라를 치도록 하겠습니다."

채택은 뛰어난 유세가이다. 원교근공책의 범수를 설득하여 권력욕을 거두고 은퇴하게 권유한 바 있다. 진왕정은 채택을 신뢰하여 연나라에 사신으로 보냈다.

채택은 연燕 희왕(태자 단丹의 아버지)을 만나 설명하였다.

> "연나라는 조나라에 두 번이나 패하여 처음에는 장수 율복을 잃고 다

음으로 장수 극신을 잃은 후 어쩔 수 없이 조나라를 편들어 진나라에 맞서고 있습니다. 이는 좋은 계책이 못 됩니다. 설령 진나라를 이기더라도 이익은 조나라가 독차지할 것이고, 지면 연나라만 화를 입게 되지요."

희왕이 '힘없는 나라가 어쩌겠냐'는 표정을 보이자 채택이 다소곳이 말하였다.

"대왕께서는 어찌 조나라가 강한 줄만 아시고 진나라가 강한 줄은 모르십니까? 태자를 볼모로 보내 대왕의 마음을 전하고 진나라 대신을 재상으로 기용하신다면, 두 나라는 동맹국이 됩니다. 그러면 진나라의 힘을 빌려 조나라에 맺힌 원한을 풀 수 있지 않겠습니까?"

기원전 242년 연나라는 태자 단丹을 볼모로 보내왔고, 진나라는 장당을 파견하기로 하였다. 하지만 장당이 가기를 꺼리는 게 아닌가! 연나라로 가려면 반드시 조나라 땅을 거쳐야 하는데, 그는 조나라를 자주 공격한 전력이 있어 조나라가 으르릉대며 벼르고 있기 때문이다. 여불위의 설득에도 장당은 꼼짝하지 않았다.

깊은 생각에 잠겨 여불위가 앉았다가 일어나 서성대기를 반복하자 감라는 지켜보다 못해 물었다. "승상께서 무슨 걱정이라도 있으십니까?" 여불위가 대답하였다. "연나라의 태자가 우리나라에 와 있는 것을 너도 알지 않느냐? 답례로 장당 장군을 연나라에 보내려는데 그가 가지 않겠다는구나."

감라가 나섰다. "제가 장당 장군을 설득해 보겠습니다." 여불위가 꾸짖었다. "너 같은 어린아이가 나설 일이 아니다."

감라는 물러서지 않았다. "옛날 항탁은 일곱 살에 공자의 스승이 되었다고 합니다. 저는 벌써 열두 살이니 항탁에 비하면 어른이지요. 승상께서 저를 한번 시험해 보십시오."

여불위는 웃으면서 말하였다. "당돌한 놈이구나. 네가 장군을 설득하기만 한다면 너를 대부로 임명하겠노라."

승상 여불위는 감라의 방문을 장당에게 알렸고, 장당은 서둘러 객실로 나가 손님 맞을 채비를 하였다. 어럽쇼! 보송보송한 아이가 온 게 아닌가! 장당은 어이가 없었지만, 예의상 말을 건네었다. "그래 무슨 말씀을 하시려는가요?" 감라는 대뜸 말하였다. "승상을 대신하여 조의弔意를 표하러 왔습니다."

장당이 당황해하자 감라는 단도직입적으로 물었다. "장군과 무안군 백기 중에서 누가 공이 더 큽니까?" 백기는 전무후무한 명장이었으므로 장당은 망설임 없이 대답하였다. "무안군이 더 크지요. 제가 감히 넘볼 분이 아닙니다."

감라가 다시 물었다. "그때 정승이었던 응후와 비교할 때 우리 승상의 권세는 어느 정도입니까?" 킹메이커 여불위는 권세가 하늘을 찌를 듯하였으므로 장당은 서슴없이 대답하였다. "여불위 승상의 권세가 더 크겠지요."

감라는 단호하게 말하였다. "무안군이 조나라 공격을 거부하자 응후는 그를 함양에서 내쫓고 뒤이어 칼을 보내 자결하게 하였습니다. 지금 장군께서는 연나라에 가라는 우리 승상의 말을 거절하고 계시니 장군의 앞날은 자명하지 않습니까? 그래서 조의를 표하는 것입니다."

장당은 하얗게 질렸다. "어린 손님의 말씀이 옳습니다. 제가 연나라에 간다고 승상께 전해 주십시오."

감라는 장당의 승낙을 얻은 후 여불위에게 보고하였다. "장당 장군이 가시겠다고 합니다. 조나라가 가만 있지 않을 터이니 제가 조나라 왕을 달래보겠습니다. 사신 행차를 갖추어 주십시오."

여불위는 감라의 재주에 감탄하여 다음 날 왕에게 아뢰어 그를 사신으로 보내도록 건의하였다. 진왕정은 감라를 조나라에 파견하였는데, 수레 10승에 수행원 100명을 딸려 보냈다.

조趙 도양왕도 예를 갖추어 사신을 맞았는데, 감라의 앳된 얼굴을 보고 기이하게 여겼다. "젊은 사신께서는 과인에게 무엇을 가르치려 하오?" 감라가 설명하였다. "연나라의 태자 단이 진나라에 볼모로 와 있고, 진나라는 장당 장군을 연나라에 보낼 계획이옵니다."

왕이 감라의 말을 끊었다. "알고 있소. 우리는 장당이 조나라의 국경을 넘어오는 대로 곧바로 잡아들이려 하오." 그러자 감라는 차근차근 설명하였다.

> "그러시겠지요. 그렇지만 조나라가 장당 장군을 어찌 처리하든 진나라와 연나라의 결속은 단단해질 거라는 생각은 해 보셨습니까? 진나라는 연나라와 힘을 합쳐 조나라의 하간 땅을 빼앗을 것입니다.
>
> 만약 대왕께서 미리 하간 땅을 진나라에 바친다면 진나라는 굳이 연나라와 동맹을 맺을 필요가 없어지지요. 조나라가 연나라 땅을 빼앗더라도 진나라가 관여하지 않을 것입니다."

지당한 말이었다. 조趙 도양왕은 당장 하간 땅의 지도를 내주었다. 감라가 지도를 가지고 돌아오니 진왕정은 흡족해하며 그를 상경으로 발탁하였다. 진나라는 연나라의 태자 단丹을 그대로 붙들어 두었고, 장당을 연나라에 보내지 않았다. 그러자 두 나라의 동맹은 저절로 깨어졌다.

조나라는 감라가 넌지시 일러준 대로 연나라의 상곡 지방을 공격하여 30성을 빼앗고 그중 11성을 진나라에 바쳐 환심을 샀다. 진왕정은 매우 기뻐하며 감라의 벼슬을 올려주고 승상으로 삼았다.

10대의 감라가 승상(재상)이라니! 진秦나라는 사람을 나이로 차별하지 않으며 오직 실력만으로 평가하였다. 지금이나 조선시대나 우리는 청소년을 '어린아이'라거나 '머리에 피도 안 마른 놈'이라며 내치곤 하였다. 10대의 윤세주는 감라의 일화를 읽으면서 '그래! 우리도 지역사회나 나라의 주요 정책에 참여할 기회를 가져야 해!' 하며 맞장구쳤다.

그러면 나라 잃은 청년 윤세주가 당장 할 수 있는 일은 무엇이었을까? 감라처럼 나라의 중책을 맡아 매끄럽게 처리하지는 못할지라도 백이·숙제의 형제처럼 굶어 죽을 수는 없었다.

그런데 백이와 숙제는 누구인가? 〈사기 열전〉 '백이'(#1)에 따르면 중국 고대의 상나라 말기에 백이와 숙제는 나라를 잃었다. 임금을 주살하고 새로 들어선 주나라에 항거하여 그들은 주나라의 곡식을 먹지 않고 수양산에 들어가 고사리를 뜯어 먹으며 살았다. 나중에는 고사리마저도 주나라 땅에서 나는 것이므로 굶어 죽는 쪽을 택하였다.

청년 윤세주는 백이와 숙제처럼 허무하게 죽기보다는 만세운동부터 시작하기로 마음먹었다. 그는 모교(서울 낙원동의 오성학교)의 최창식 선생을 좇아서 1919년 3월 1일 탑골공원(낙원동)의 만세시위에 가담하였고, 곧바로 고향인 밀양으로 내려가 만세운동을 일으켰다. 3월 13일 밀양관아 앞 시장터에서 '목안에 핏대를 올려가며' 독립선언서를 낭독하였다.

> "우리들은 지금 우리 조선이 독립한 나라이고 조선 사람이 자주적인 국민이라는 것을 선언하노라."

만세시위는 밀양 전역으로 걷잡을 수 없이 번져 나가 한 달 동안 여덟 차례나 일어났다.

자객 섭정과 형가

청년 윤세주는 독립과 자유를 외치는 데 머무르지 않았다. 아무리 올바른 생각이나 말이라도 실행이 뒤따르지 않으면 무슨 소용인가! 그가 만세운동을 일으킨 그해 11월 10일 중국 길림에서 의열단 창립에 가담하여 일제 통치기관을 폭탄 타격하는 선봉대에 앞장섰다.

적대국의 주요 인물을 폭살하는 경우 의열사義烈士는 살아남기 어렵다. 전국시대의 자객들도 그런 점에서 마찬가지였다. 〈사기 열전〉 '자객'(#26)에는 다섯 명이 소개되어 있다. 춘추시대 노魯 장공을 섬긴 조말, 어복장검의 전제, 지백의 마지막 충신 예양은 제1장의 곳곳에서 다루었으므로 여기에서는 전국시대의 섭정과 형가를 알아본다.

섭정은 한나라의 엄중자를 위해 정치적 보복을 단행한 자객이다. 엄중자는 한韓 애후(재위: 기원전 376~374년)를 섬겼는데, 승상 협루와 사이가 무척 나빴다. 멀리 달아난 그는 보복해 줄 사람을 찾던 중 제나라에서 섭정이라는 백정을 알게 되었다.

엄중자는 섭정의 집으로 찾아가 사귀기를 청하였다. 그가 황금 100일을 받들고 섭정의 어머니에게 장수를 축원하자 섭정은 너무 많은 예물을 기이하게 여겨 사양하였다. "이것을 받을 수 없습니다. 저는 도살업을 하지만 그걸로도 어머니를 봉양할 수 있습니다."

> 엄중자는 사람들을 물리치고 나서 말하였다. "나에게는 처치해야 할 원수가 있습니다. 당신이 의기가 높다는 말을 듣고 사귀고 싶었지 다른 의도는 없습니다."
>
> 섭정은 연거푸 사절하였다. "어머니가 살아계시는 동안에는 제 몸을 다른 사람에게 바칠 수 없습니다." 그렇지만 엄중자는 빈객과 주인의 예를 다하고 떠났다.

오랜 시간이 흐른 뒤 섭정의 어머니가 죽었다. 장례를 마친 후 섭정은 앞으로는 자신을 알아주는 사람을 위해 일하리라 다짐하였다. 그에게 효도와 충성은 별개가 아니었다.

섭정은 엄중자를 찾아 나섰다. 엄중자는 자기의 원수가 한나라의 승상 협루이며 그를 처치하기 위해 말과 수레와 장사를 지원하려 하였다. 섭정은 이를 마다하였다.

> "한나라는 여기에서 그리 멀지 않습니다. 재상을 죽이려는 경우에는 절대로 사람을 많이 써서는 안 됩니다. 사람이 많으면 생각을 달리하는 이가 생기고, 그러면 말이 새어나갈 것이며 한나라 전체가 당신을 원수로 여길 텐데, 어찌 위태롭지 않겠습니까?"

섭정은 한낱 백정이었지만 얼마나 사려 깊고 용의주도한가! 그는 칼로 지팡이 삼아 홀로 한나라에 왔다. 마침 승상 협루가 관청 당상에 앉아 있었는데, 호위가 삼엄하였다. 섭정이 계단을 훌쩍 뛰어 올라가 협루를 일격에 찔러 죽이니 주위가 아수라장이 되었다.

섭정은 수십 명을 죽인 후 자기 얼굴의 가죽을 벗기고 눈을 도려내고 배를 갈라 죽었다. 관청에서 시체를 거두어 시장 바닥에 드러내 놓았지만, 신원을 아는 사람이 아무도 없었다.

섭정의 누나 섭영이 소문을 듣고 그것이 동생 짓임을 알았다. 그녀는 한나라로 달려가 동생의 시체 위에 엎드려 울었다. 사람들이 걱정하는 눈빛을 보내자, 섭영이 울며 말하였다.

> "섭정은 제가 살아 있기 때문에 자기 모습을 훼손시켜 이 일에 연루되지 않게 하였습니다. 어찌 제게 닥칠 죽음이 두려워 어진 동생의 이름을 없앨 수 있겠습니까?"

누이는 동생이 죽으면서까지 자기를 보호하기 위해 스스로 외모를 훼손하였음을 알고 통곡하였다. 그녀는 하늘을 우러러 큰 소리로 세 번 외치더니 섭정 곁에서 숨을 거두었다. 죽음을 두려워하지 않는 용감한 남매였다.

다음으로 자객 형가를 보자. 그는 어찌하여 연나라의 태자 단丹의 사주를 받아 진왕정 암살을 감행하게 되었을까? '10대 승상 감라'에서 보았듯이 연나라와 진나라의 동맹은 태자 단이 볼모로 붙잡혀 있는 가운데 진나라의 배신으로 끝났다. 태자는 본국으로 도망쳐 와 진왕정을 살해할 계획을 꾸몄다.

태자 단을 도울 자객은 위衛나라 출신의 형가였다. 형가는 어떤 사람인가? 그는 위나라가 망한 뒤 연나라로 왔고, 축(대나무로 만든 현악기)을 잘 연주하는 고점리와 친하게 지냈다.

> 두 사람이 저잣거리에서 술에 취하면 고점리는 축을 타고 형가는 노래를 불렀다. 노래에는 나라를 잃은 슬픔과 세상을 잘못 만난 애수가 깃들어 있었다. 노래가 끝나면 서로 부둥켜안고 울었다.

윤세주는 나라 잃은 형가의 슬픔을 누구보다도 일찍이 공감하였다. 밀양공립보통학교 시절에 친구들과 어울려 일장기를 학교 변소의 똥구덩이에 꽂아 넣거나 개천일에 개천절 노래를 부르며 거리를 활보하기도 하였고, 보통학교 졸업 이후에는 일본 배척의 분위기가 강한 서울의 오성학교로 진학하였다.

연나라의 태자 단은 형가를 찾아갔다. 연나라가 혼자 힘으로 진나라를 당해 내기란 역부족인 데다가 다른 제후들은 진나라에 복종하여 외면하였으므로 그에게 남은 유일한 복수 방법은 진왕정(진시황)의 처단뿐이었다. 태자는 머리를 조아리며 형가에게 간청하였다.

> "조말이 제齊 환공에게 한 것처럼 진왕정을 위협하여 제후들에게서 빼앗은 땅을 되돌려주게 한다면 가장 좋을 것입니다. 그럴 수 없다면 그를 찔러 죽일 수밖에 없습니다. 형가께서 이 일을 맡아주지 않겠소?"

형가는 거사에 가담하기로 작심하였다. 그 무렵 번오기 장군이 진왕정에게 역모의 죄를 짓고 연나라로 망명해 왔고, 태자 단이 장군을 돌보아 주고 있었다. 근데 진나라가 황금 1,000근과 1만 호의 식읍을 내걸고 찾는 게 아닌가! 연나라는 번장군을 계속 보호하기가 부담스러워졌을 것이다.

형가는 자신이 진나라 왕에 접근하려면 그의 관심을 끌 만한 두 가지 즉 연나라 독항의 지도와 번오기 장군의 목이 필요하다고 생각하였다. 그는 번장군을 찾아가 '장군의 목을 얻어 바치면 진나라 왕은 자기를 만나 줄 것이고, 그를 찔러 죽여 장군의 원수를 갚을 수 있다'고 확신시켰다. 번장군은 자결하였고, 형가는 그의 목을 상자에 넣어 봉하였다.

그리고 형가 자신도 결코 살아서 돌아올 수 없는 여행길에 올랐다. 태자 단과 빈객은 모두 흰색 옷과 모자를 쓰고 전송하였고, 형가는 수레를 타고 뒤를 돌아보지 않고 떠났다.

> 역수易水 가에 이르러 도로 신에게 제사를 지낸 후 고점리가 축을 타고 형가는 곡조에 맞추어 노래를 불렀다.
>
> 바람 소리 소슬하고 역수 물은 차구나
>
> [풍소소혜 역수한 風蕭蕭兮 易水寒]
>
> 장사가 한번 떠나면 돌아오지 못하리
>
> [장사일거혜 불부환 壯士一去兮 不復還]

노래와 연주가 잠시 멈추자 분위기가 너무나 숙연해졌다. 위의 '장사일거혜 불부환'은 그가 죽을 운명임을 시사하고 따라서 노래는 일종의 만가輓歌와 다름없었기 때문이다. 고점리가 다시 축을 타자 형가가 노래를 이어갔다.

> 호랑이 굴을 뒤지고 이무기 집에 들어갈 제
> [탐호혈혜 입교궁 探虎穴兮 入蛟宮]
> 길게 휘파람 부니 하늘에 흰 무지개 뜬다
> [앙천허기혜 성백홍 仰天嘘氣兮 成白虹]

'앙천허기혜 성백홍'은 태양, 즉 진왕정(진왕정)을 '휘이익' 베며 중천에 떠 있는 무지개, 즉 곡선형의 칼을 암시한다. 위의 역수가易水歌 4행은 윤세주가 살았던 시대에 '자객열전'을 읽은 이라면 누구나 즐겨 읊던 노래이었다.

형가는 진나라 함양에 이르렀다. 그가 번장군의 목과 연나라 독항의 지도를 바치고자 하니 진왕정은 매우 기뻐하며 그의 일행을 함양궁에서 맞았다.

> 진왕정 앞에 연나라 지도가 펼쳐지자 형가는 그 속에 숨겨둔 비수를 집어 왕을 찔렀다. 왼손으로 왕의 소매를 잡았는데, 오른손의 비수가 몸에 닿기도 전에 소매가 떨어져 나갔다. 신하들은 왕을 모실 때 몸에 무기를 지닐 수 없으므로 속수무책이었다.
>
> 왕은 기둥을 돌며 달아났고, 그가 차고 있는 칼은 길어서 좀처럼 빠지지 않았다. 한 신하가 외쳤다. "칼을 등에 지십시오." 왕은 간신히 칼을 뽑아 형가를 베었다. 형가는 죽어가면서 말하였다. "진왕정을 사로잡아 위협하여 약속을 받아내어 태자에게 보답하려 하였노라."

섭정과 형가의 의거는 의열투쟁의 원형이었다.

의열단은 1919년 창립하자마자 '작탄 투쟁으로 일제 통치기관과 그 요인을 타격, 섬멸'하는 제1차 국내특공거사(1920년, 밀양폭탄사건)를 계획하였다. 윤세주는 창립단원 10명 중에서 나이가 19세로 가장 어렸으나 '수창(권총)과 폭탄을 휴대하고 국내에 가서 파괴공작을 진행할 것을 자원하였다.'

> "나는 다른 사람보다 더 묘한 방법으로 적탐의 주의를 능히 피면할 수 있고, 만일 불행히 피포된다 하더라도 나는 의지가 견결하므로 우리의 비밀을 누설하지 아니하겠다."

하지만 밀양폭탄사건의 계획이 사전에 발각되어 윤세주, 황상규, 이성우, 곽재기 등 일행 20명은 체포되었다. 윤세주는 섭정이나 형가처럼 명예롭게 죽지 못하고 청년기의 대부분(1920~1927년)을 옥살이하였다. 출옥 후 그의 항일투쟁은 재향 민족운동, 항일언론, 중국 망명 이후 민족혁명 노선으로 이어졌다.

형가의 역수가易水歌 중에서 '장사일거혜 불부환'은 한인애국단 윤봉길(1908~1932년)에 의해서 재현되었다. 그는

> '장부출가 생불환丈夫出家 生不還'

이라는 글을 남긴 후 중국 상해上海로 망명하여 한인애국단에 가입하였다.

> '나는 적성赤誠(참된 정성)으로써 조국의 독립과 자유를 회복하기 위하여 한인애국단의 일원이 되야 중국을 침략하는 장교를 도륙하기로 맹서하나이다.'

라고 서약하고 사흘 후 1932년 4월 29일 홍커우공원의거를 성공적으

로 실행하였다. 그는 현장에서 체포되어 일본 오사카로 이송되었고 그해 12월 19일 처형되었다. 그때 그의 나이 24세이었다.

다음으로 역수가의 '앙천허기혜 성백홍'은 의열단원 이육사(1904~1944년)의 '절정'(1940년)에서 엿보인다.

> 매운 계절의 채찍에 갈겨
> 마침내 북방으로 휩쓸려 오다.
>
> 하늘도 그만 지쳐 끝난 고원
> 서릿발 칼날진 그 위에 서다.
>
> 어디다 무릎을 꿇어야 하나
> 한 발 재겨 디딜 곳조차 없다.
>
> 이러매 눈감아 생각해 볼밖에
> 겨울은 강철로 된 무지갠가보다.

여기에서 '강철로 된 무지개', 즉 '흰 무지개'는 일본 천황의 태양을 베어 쓰러뜨리는 칼로 상정되고, 칼날이 매섭기로는 동토의 '겨울'에 견주어지고 있다. 의열단원이라면 누구라도 가졌을 불요불굴의 기상을 엿볼 수 있는 작품이다.

이후 이육사는 소식을 도통 알 수 없는 석정을 그리워하여 '연인기'戀印記의 수필, '주난흥여'酒暖興餘의 한시 등을 남긴 후 1944년 1월 16일 중국 베이징에서 옥사하였다. 의열사義烈士가 독립과 자유를 쟁취하기 위해 싸우는 과정이 보여주었듯이 최악의 여건 속에서도 끊임없이 노력하고 좀처럼 꺾이지 않는 기개는 한국인 고유의 특징이었다.

개혁가 상앙

홍커우공원의거(1932년)는 통쾌한 성공이었지만 석정 윤세주는 그런 방식만으로는 '제국주의 타도와 절대독립 완성', 즉 민족혁명을 앞당길 수 없다는 것을 이미 깨닫고 있었다. 1932년 석정은 중국으로 망명하여 김약산과 재회하였을 때 '의열'에서 '민족혁명'으로의 궤도 전환을 피력한 바 있다.

> "지금 나는 나의 혁명적 인생관, 세계관 등 과학적 혁명이론으로 나의 두뇌를 재무장하여야 나아가 정확한 혁명운동을 추진할 수 있다."

민족혁명에 대한 그의 신념은 어떤 토양에서 싹텄을까? 상앙의 변법變法이 주목된다. 제2장에서 보았듯이 진나라의 환골탈태는 전국시대 초기 효공이 기용한 상앙에 의해 추진되었다.

상앙이 기존의 법을 온통 바꾼 변법을 제시하자 왕은 사람들의 비방을 염려하여 망설이었다. 상앙은 '의심스러워하면서 일하면 공명이 뒤따르지 않고 공적도 세울 수 없다'면서 왕을 다독였다.

> "예부터 성인은 나라를 강하게 할 수 있으면 굳이 옛것을 본뜨지 않고, 백성을 이롭게 할 수 있으면 옛날의 예악 제도를 좇지 않았습니다."

'백성은 일을 시작할 때는 더불어 상의할 수 없으나 일을 성공하면 함께 즐길 수 있음'을 확신시켰다.

그러나 국정을 자문하던 태사(왕의 스승) 감룡은 '백성의 풍속에 따라서 교화하면 힘들이지 않고도 공을 이루고, 기존의 법에 따라 다스리면 관리도 익숙하고 백성도 편안하다'면서 상앙을 몰아세웠다. 상앙은 보수파의 '온고이지신'溫故而知新(옛것을 익혀 새로운 것을 알다)에 맞서 항변하였다.

> "삼대는 예악을 달리하고도 천하에서 왕 노릇을 하였고, 춘추오패는 법제를 달리하고도 제후의 우두머리가 되었습니다. 지혜로운 자는 법을 만들고 어리석은 자는 통제를 받으며, 현명한 자는 예법을 고치고 평범한 자는 얽매입니다."

중대부中大夫 두지가 감룡의 반대의견을 두둔하여 '옛것을 본받으면 허물이 없고 예법을 따르면 사악함이 없다'고 주장하였다. 상앙은 이에 대해서도 반박하였다.

> "세상을 다스리는 데는 한 가지 길만 있는 것이 아니므로 그 나라에 편하면 굳이 옛날 법을 본받을 필요가 없다."

다시 말해 시대가 다르면 일하는 방식도 달라지므로 전국시대에 과거의 인의仁義 통치는 시대착오적이라는 것이다. 우리가 개개인, 사회, 또는 국가에 큰 변화를 꿈꾸고 있다면 상앙의 개혁론을 곱씹어 볼 필요가 있을 것이다.

상앙은 효공의 전폭적 지지 아래 변법을 밀어붙였다. 새 법령의 시행 1년을 맞아 백성은 불편을 호소하였고 태자(나중의 혜문왕)가 법을 어기었다.

> "법이 시행되지 못하는 것은 위에서부터 어기기 때문이다." 하지만 태자는 군주의 뒤를 이를 사람이므로 건드릴 수 없고 대신에 태자의 스승, 즉 태부이었던 공자 건에게 코를 베는 의형劓刑을 내렸고, 임금을 보좌하는 태사에게는 죄명의 글자를 이마에 새기는 경형黥刑을 받게 하였다. 그러자 백성은 새 법령을 불평 없이 따랐다.

여기에서 우리는 법과 원칙을 강조하는 상앙에게서 냉철한 개혁가의 단면을 엿볼 수 있다. 상앙의 변법은 단번에 진나라를 발전시켰다.

왕족과 지주를 억제하고 소농을 중산 자영농으로 키워 국가 경제력을 끌어올렸다. 진나라는 확충된 재정을 기반으로 강력한 군대를 만들었고, 당시의 패권국이었던 위나라를 제압한 후 제후의 우두머리로 올라섰다.

그러나 상앙은 태자가 혜문왕으로 즉위하면서 숙청되고 말았다. 태부가 의형을 당하자 태자는 상앙에 증오심을 품어온 것이다. 이처럼 개혁가의 행복한 결말을 찾아보기란 쉽지 않다. 월나라를 망국의 위기에서 구하고 춘추오패春秋五霸의 하나로 부상시킨 문종, 초楚 도왕을 제후들의 맹주가 되게 만든 오기도 불행한 말로를 겪었다. 그래서 사람들은 다들 개혁을 바라지만 스스로 개혁가로 나서는 것을 두려워하는 모양이다.

석정 윤세주는 당시의 제국주의-식민지 구도 속에서 어떠한 개혁가 또는 혁명가가 되고자 하였는가? 석정의 '황무지밭을 가는 소'[석전경우石田耕牛]를 다시 보자.

> 혁명 과정 중 가장 귀한 것 즉 최후의 승리는 기름 흐르는 변설이나 하루 천 리 기세의 광마보다도 묵묵한 가운데 철두사미 시종일관하는 와신상담 정신의 소유자로서 석전경우의 '타입'만이 최후의 승리를 획득한다는 것은 과거 각국 혁명역사가 증언하여 주고 있다.

'황무지밭을 가는 소'의 정신은 '시종일관하는 와신상담'의 정신과 통한다. 월越 구천은 오吳 부차에게 무릎을 꿇은 뒤 날마다 땔감 위에서 불편하게 잠자고 밥상머리에 쓸개의 쓴맛을 보면서 복수를 다짐하였다. 월나라가 20여 년의 와신상담 끝에 오나라를 멸망시켰을 때 윤세주는 연거푸 갈채를 보냈을 것이다.

1941년 새해가 밝자마자 윤세주는 중국의 임시수도 중경(쓰촨성)에서 조선의용대를 이끌고 북상항일의 대장정에 올랐다. 몇 달 전에 그는 악의의 '보연왕서' 또는 제갈량의 '출사표'에 고무되어 '우리 대 성립 2주년 기념 소감'(『조선의용대』 제37기, 1940. 9. 13.)을 썼다. 글의 앞부분을 보면,

> 우리는 오직 공동의 적인 일본제국주의를 멸망시킨 후에야 조선 민족이 비로소 독립과 자유의 천지를 다시 볼 수 있다고 생각한다. 일본제국주의를 멸망시키기 위해서, 비록 우리의 역량이 매우 취약하다고 할지라도, 우리는 중국 항전 장병들과 함께 적과의 육탄전을 벌이는 것 이외에 다른 길을 찾을 수 없다.
>
> 우리는 단지 이러한 솔직한 실천을 통해서만 비로소 수천수만의 조선 동포들로 하여금 우리를 호응하게 하고, 우리의 핏자국을 따라 해방의 큰길로 매진할 수 있다고 확신한다. 그리고 또한 오직 이렇게 해야만 비로소 실질적인 조중朝中 두 민족의 연합전선을 건립할 수 있을 것이다.

조선의용대는 수백 명에 불과하나 모두가 자질이 뛰어난 25세 전후의 청년으로 구성되었다. 일본이 머지않아 영국 · 미국 · 소련에 밀려 멸망하겠지만 윤세주는 화북과 동북의 조선 민중을 동원하여 일본군을 직접 쓰러뜨리고자 하였다.

> 우리는 비장한 전장에서, 중국의 위대한 혁명 과정에서, 혁명의 식견과 경험은 풍부해지고, 신체는 강건해지며, 단결은 더욱 견고해졌다. 그러므로 우리의 이러한 발전을 따라가면, 반드시 전 조선 민족으로 하여금 우리 대[조선의용대]의 기치 아래 [민중]동원을 일으켜 조국의 강토로부터 적들을 추방함으로써 혁명의 최후 목적을 완성할 수 있을 것이다.

석정 윤세주가 조선의용대를 이끌고 중국 팔로군의 태항산 근거지(산서성 요현 상무촌)에 도착한 것은 1941년 7월이었다. 다음 해 그는 반소탕전에서 일본군에 피격되어 1942년 6월 3일 순국하였다. 그해 10

월 10일 허베이성 섭현 석문촌의 연화산에 안장되었다가 석문촌 묘소는 1950년 10월 21일 한단시 진기로예열사능원(동묘구 3열 17번)으로 이장되었다.

석정은 춘추전국시대의 영웅을 흠모하며 그들처럼 살기를 바랐고 '독립된 나라에서 자유롭게 사는 민중'을 염원하면서 역사 속으로 사라졌다. 윤세주는 '황무지밭을 가는 소처럼 우직하게, 꾸준히 그리고 묵묵히 자신의 삶이 끝나는 순간까지 모든 어려움을 깨뜨리고 매진하는' 진정한 혁명자였다.

지금까지 이 책은 곳곳에서 석정 윤세주를 선구적 독립운동가로서, 항일언론인으로서, 혹은 진보적 민족주의자로서 조명하였지만, 그 이전에 그는 다정다감한 사람이었다. 의용대원 김학철은 석정을 다음과 같이 회고하였다.

> "석정 선생님은 당시 30대 후반의 장년으로서 훌쭉한 얼굴, 호리호리한 몸집에 목소리까지 잔잔해 도무지 용사 같아 보이지를 않았다. 사이코 마코토 총독을 살해하려고 폭탄을 가지고 국내에 잠입했다가 발각돼 7년 동안 징역을 살고 나온 열혈한으로는 도저히 보이지를 않았다.....
>
> 나는 석정 선생님의 가르침을 받고 또 지도를 받는 몇 해 동안에 그분이 역정 내는 걸 한 번도 못 봤다. 그분은 언제나 순순히 타이르는 식으로 우리를 설복하셨다."

석정의 죽마고우 김약산도 '석정 동지 약사'에서 윤세주의 성품을 다음과 같이 평가하였다.

> 그의 대인對人의 태도는 겸손하고 화애和靄하다. 특별히 교양과 설복의 능력이 강하므로, 당 내외 사람이거나 남녀노소를 물론하고 누구나 그를 좋아하고, 접근 아니 하는 사람이 없었다. 사람마다 곤란한 문제가 있을

때는 모두 그를 찾아 해결의 방법을 구하였다. 그럼으로 그가 당내 단결과 당외 단결 공작상에 있어서 특별한 천재를 표현하였다.

언제라도 석정 윤세주의 묘비석이나 어록비를 어루만지면 그의 따뜻한 체온이 느껴진다. 석정의 열정과 용기가 나의 혈맥으로 옮겨오는 듯하다. 중국 한단시의 국립묘지인 진기로예 열사능원에 묻혀 있는 석정의 영전에 '어깨동무 노래'를 바친다. 우리 개개인은 보잘것없을지라도 유대를 튼튼히 하면 어떤 적이라도 쳐부술 수 있다는 믿음을 주는 민요이다.

어깨동무 시동무 / 고무집이 타당탕 /
짚나래끼 내동무 / 고무집이 타당탕

이것은 동요이지만 어른이 불러도 어색하지 않다. 여기에서 '시동무'는 씨동무를, '고무집'은 곰의 집을, '짚나래끼'는 지푸라기를 일컫는다. 개개인은 씨처럼 작고, 지푸라기처럼 연약하지만, 어깨동무하여 함께 발을 굴리면 곰의 집조차 '타당탕' 무너뜨릴 수 있단다. 민중 동원을 일으켜 민족혁명을 완성하는 꿈을 심어줄 수 있다.

찾아보기

춘추전국시대의 영웅

|저자| 김상한

|1판 1쇄| 발행 2024년 10월 30일

|발행인| 김동훈
|발행처| 공동체

|주소| 경기도 고양시 일산동구 호수로 358－39, 동문타워 I 905호(백석동)
|전화| 031) 814-3000(대표)
|팩스| 031) 814-3100
|홈페이지| http://www.compub.co.kr
|전자우편| compub@naver.com
|출판등록| 2005년 10월 6일
|등록번호| 제396-2005-36호

|ISBN| 979-11-6725-818-2
정가 16,000원